中华人民共和国行业标准

公路水泥混凝土路面设计规范

Specifications for Design of Highway Cement Concrete Pavement

JTG D40—2011

主编单位：中交公路规划设计院有限公司
批准部门：中华人民共和国交通运输部
实施日期：2011 年 12 月 01 日

人民交通出版社

图书在版编目(CIP)数据

公路水泥混凝土路面设计规范：JTG D40—2011 / 中交公路规划设计院有限公司主编. --北京：人民交通出版社，2011.11

ISBN 978-7-114-09463-7

I.①公… II.①中… III.①水泥混凝土路面－设计规范 IV.①U416.216.02-65

中国版本图书馆CIP数据核字(2011)第208105号

中华人民共和国行业标准
公路水泥混凝土路面设计规范
JTG D40—2011
中交公路规划设计院有限公司　主编
人民交通出版社出版发行
(100011　北京市朝阳区安定门外外馆斜街3号)
各地新华书店经销
北京市密东印刷有限公司印刷
开本：880×1230　1/16　印张：7.5　字数：154千
2011年11月　第1版
2023年3月　第13次印刷
定价：40.00元
ISBN 978-7-114-09463-7

中华人民共和国交通运输部

公 告

2011 年第 57 号

关于公布公路水泥混凝土路面设计规范的公告

现公布《公路水泥混凝土路面设计规范》(JTG D40—2011),自 2011 年 12 月 1 日起施行,原《公路水泥混凝土路面设计规范》(JTG D40—2002)同时废止。

该规范的管理权和解释权归交通运输部,日常解释和管理工作由主编单位中交公路规划设计院有限公司负责。

请各有关单位在实践中注意总结经验,及时将发现的问题和修改意见函告中交公路规划设计院有限公司(地址:北京市德胜门外大街85号德胜国际中心 A 座 305 室,邮政编码:100088),以便修订时参考。

特此公告。

中华人民共和国交通运输部
二〇一一年九月十九日

主题词:公路 路面 设计 规范 公告

交通运输部办公厅　　　　　　　　　　　　　　　2011 年 9 月 20 日印发

前　言

《公路水泥混凝土路面设计规范》(JTG D40—2002)(以下简称原规范)发布实施以来,对指导我国公路水泥混凝土路面设计,保证路面质量起到了重要的作用。随着我国公路建设的发展,公路工程技术人员积累了丰富的水泥混凝土路面建设经验,并取得了许多研究成果,水泥混凝土路面技术水平有了较大的提高,原规范中的一些技术指标已不满足需要。根据交通运输部(原交通部)《关于下达2007年度公路工程制修订项目计划的通知》(交公路发〔2007〕378号)要求,由中交公路规划设计院有限公司为主编单位,负责原规范的修订工作。

修订过程中,编制组对全国已建和在建的公路水泥混凝土路面进行了较为全面的技术调研,参考了国内外近十余年来水泥混凝土路面的科研成果和技术资料,充分吸收了水泥混凝土路面建设经验,广泛征求了业内有关单位和专家的意见。

修订后的规范分8章和5个附录,主要内容包括水泥混凝土路面结构组合设计、厚度设计、接缝设计、混凝土面层配筋设计、材料组成设计和加铺层结构设计等。本次修订,主要增加了混凝土板极限断裂的验算标准和贫混凝土及碾压混凝土基层的疲劳断裂设计标准;考虑特种车辆和专用道路结构设计增加了极重交通荷载等级;改进了接缝设计及填缝材料的选型;完善了连续配筋的裂缝间距和裂缝宽度两个设计指标的计算公式;提高了混凝土板错台量和接缝传荷能力的评级标准;完善了材料设计参数经验参考值。

请有关单位和个人在使用本规范的过程中将发现的问题函告中交公路规划设计院有限公司(地址:北京市德胜门外大街85号德胜国际中心A座305室,邮编:100088),以便下次修订时研用。

主 编 单 位: 中交公路规划设计院有限公司
参 编 单 位: 中交路桥技术有限公司
　　　　　　　同济大学
　　　　　　　长安大学
　　　　　　　重庆交通大学
　　　　　　　山西省交通科学研究院
主要起草人: 刘伯莹　姚祖康　王秉纲　谈至明　唐伯明
　　　　　　　赵队家　杨学良　周玉民　张洪亮

目 录

1 总则 ··· 1
2 术语和符号 ··· 2
  2.1 术语 ··· 2
  2.2 符号 ··· 3
3 设计参数 ·· 5
4 结构组合设计 ··· 8
  4.1 一般规定 ··· 8
  4.2 路基 ··· 8
  4.3 垫层 ··· 9
  4.4 基层和底基层 ·· 9
  4.5 面层 ·· 11
  4.6 路肩 ·· 12
  4.7 路面排水 ··· 12
5 接缝设计 ··· 14
  5.1 一般规定 ·· 14
  5.2 纵向接缝 ·· 14
  5.3 横向接缝 ·· 15
  5.4 交叉口接缝布设 ·· 17
  5.5 端部处理 ·· 17
  5.6 填缝材料 ·· 20
6 混凝土面层配筋设计 ·· 21
  6.1 普通混凝土面层配筋 ·· 21
  6.2 钢筋混凝土面层配筋 ·· 23
  6.3 连续配筋混凝土面层配筋 ·· 23
7 材料组成与参数要求 ·· 25
  7.1 一般规定 ·· 25
  7.2 垫层材料 ·· 25
  7.3 基层材料 ·· 25
  7.4 面层材料 ·· 26
  7.5 材料设计参数 ·· 27
8 加铺层结构设计 ··· 29

8.1	一般规定	29
8.2	路面损坏状况调查评定	29
8.3	接缝传荷能力和板底脱空状况调查评定	30
8.4	旧混凝土路面结构参数调查	30
8.5	加铺方案选择	31
8.6	沥青加铺层结构设计	32
8.7	分离式混凝土加铺层结构设计	33
8.8	结合式混凝土加铺层结构设计	33
8.9	旧沥青路面加铺水泥混凝土路面结构设计	34
附录 A	交通荷载分析	35
附录 B	混凝土板应力分析及厚度计算	38
附录 C	有沥青上面层的混凝土板应力分析	46
附录 D	连续配筋混凝土面层纵向配筋计算	48
附录 E	材料设计参数经验参考值	51
本规范用词说明		54
附件 《公路水泥混凝土路面设计规范》(JTG D40—2011)条文说明		55
1	总则	57
2	术语和符号	59
3	设计参数	60
4	结构组合设计	64
5	接缝设计	72
6	混凝土面层配筋设计	77
7	材料组成与参数要求	79
8	加铺层结构设计	81
附录 A	交通荷载分析	89
附录 B	混凝土板应力分析及厚度计算	90
附录 C	有沥青上面层的混凝土板应力分析	102
附录 D	连续配筋混凝土面层纵向配筋计算	105
附录 E	材料设计参数经验参考值	108

1 总则

1.0.1 为适应交通运输发展和公路建设的需要,提高水泥混凝土路面的技术水平、使用品质和设计质量,保证工程安全可靠、经济合理,制定本规范。

1.0.2 本规范适用于各等级新建和改建公路的水泥混凝土路面设计。

1.0.3 水泥混凝土路面设计方案,应根据公路的功能和等级,结合当地气候、水文、地质、材料、建设和养护条件、工程实践经验及环境保护等,通过综合分析确定。

1.0.4 水泥混凝土路面设计应包括结构组合设计、结构层厚度设计、材料组成设计、接缝构造设计、钢筋配置设计等内容。

1.0.5 水泥混凝土路面结构,应按规定的安全等级和目标可靠度要求,在设计基准期内承受预期的交通荷载作用,适应所处的自然环境,满足预定的使用性能要求。

1.0.6 水泥混凝土路面设计除应符合本规范的规定外,尚应符合国家现行有关标准的规定。

2 术语和符号

2.1 术语

2.1.1 水泥混凝土路面 cement concrete pavement
以水泥混凝土作面层(配筋或不配筋)的路面。

2.1.2 普通混凝土路面 jointed plain concrete pavement
除接缝区和局部范围外,面层内均不配筋的水泥混凝土路面,也称素混凝土路面。

2.1.3 钢筋混凝土路面 jointed reinforced concrete pavement
面层内配置纵、横向钢筋或钢筋网并设接缝的水泥混凝土路面。

2.1.4 连续配筋混凝土路面 continuously reinforced concrete pavement
面层内配置纵向连续钢筋和横向钢筋,横向不设缩缝的水泥混凝土路面。

2.1.5 钢纤维混凝土路面 steel fiber reinforced concrete pavement
在混凝土面层中掺入钢纤维的水泥混凝土路面。

2.1.6 复合式路面 composite pavement
面层由两层不同材料类型和力学性质的结构层复合而成的路面。

2.1.7 水泥混凝土预制块路面 concrete block pavement
面层由水泥混凝土预制块铺砌成的路面。

2.1.8 设计基准期 design reference period
计算路面结构可靠度时,考虑各项基本度量与时间关系所取用的基准时间段(a)。

2.1.9 安全等级 safety classes
根据路面结构的重要性和破坏可能产生后果的严重程度而划分的设计等级。

2.1.10 可靠度 reliability

路面结构在规定的时间内和规定的条件下完成预定功能的概率。要求设计结构物达到的可靠度称作目标可靠度。

2.1.11 可靠指标 reliability index

度量路面结构可靠度的一种数量指标。要求设计结构物具有的可靠度指标称作目标可靠指标。

2.1.12 可靠度系数 reliability coefficient

为保证所设计的结构具有规定的可靠度,而在极限状态设计表达式中采用的单一综合系数。

2.2 符号

2.2.1 作用及作用效应

N——轴载的作用次数;
P——轴载;
σ——应力;
ε——应变;
w——弯沉。

2.2.2 设计参数和计算系数

C——温度应力系数;
c_v——变异系数;
γ_r——可靠度系数;
ρ——配筋率;
t——时间;
T——温度。

2.2.3 几何参数

A——面积;
b——宽度;
d——直径;
h——结构层厚度;
l——长度;
L——间距。

2.2.4 材料性能

D——弯曲刚度；

E——弹性模量；

f——强度；

r——相对刚度半径；

α——线膨胀系数；

ν——泊松比。

3 设计参数

3.0.1 各级公路水泥混凝土路面结构的设计安全等级及相应的设计基准期、目标可靠指标与目标可靠度,应符合表 3.0.1 的规定。二级及二级以下公路路面结构破坏可能产生很严重后果时,可提高一级安全等级。

表 3.0.1 可靠度设计标准

公路等级	高速	一级	二级	三级	四级
安全等级	一级		二级	三级	
设计基准期(a)	30		20	15	10
目标可靠度(%)	95	90	85	80	70
目标可靠指标	1.64	1.28	1.04	0.84	0.52

3.0.2 各安全等级路面的材料性能和结构尺寸参数的变异水平可分为低、中和高三级,应按公路等级以及所采用的施工技术和所能达到的施工质量控制和管理水平,通过调研确定变异水平等级和相应的变异系数,高速公路、一级公路的变异水平等级宜为低级,二级公路的变异水平等级应不大于中级。确有困难时可按表 3.0.2 规定的主要设计参数变异系数范围选择相应的变异系数。

表 3.0.2 变异系数 c_v 的范围

变异水平等级	低	中	高
水泥混凝土弯拉强度	$0.05 \leq c_v \leq 0.10$	$0.10 < c_v \leq 0.15$	$0.15 < c_v \leq 0.20$
基层顶面当量回弹模量	$0.15 \leq c_v \leq 0.25$	$0.25 < c_v \leq 0.35$	$0.35 < c_v \leq 0.55$
水泥混凝土面层厚度	$0.02 \leq c_v \leq 0.04$	$0.04 < c_v \leq 0.06$	$0.06 < c_v \leq 0.08$

3.0.3 水泥混凝土路面结构分析应采用弹性地基板理论。除粒料类基层外,其他各类基层与混凝土面层应按分离式双层板模型进行结构分析。粒料类基层及各类底基层和垫层,应与路基一起视作多层弹性地基,以地基顶面当量回弹模量表征。

3.0.4 水泥混凝土路面结构设计应以面层板在设计基准期内,在行车荷载和温度梯度综合作用下,不产生疲劳断裂作为设计标准;并以最重轴载和最大温度梯度综合作用下,不产生极限断裂作为验算标准。其极限状态设计表达式可分别采用式(3.0.4-1)和式(3.0.4-2)。

$$\gamma_r(\sigma_{pr}+\sigma_{tr})\leqslant f_r \qquad (3.0.4\text{-}1)$$
$$\gamma_r(\sigma_{p,\max}+\sigma_{t,\max})\leqslant f_r \qquad (3.0.4\text{-}2)$$

上述式中:σ_{pr}——面层板在临界荷位处产生的行车荷载疲劳应力(MPa),计算方法见附录B;

σ_{tr}——面层板在临界荷位处产生的温度梯度疲劳应力(MPa),计算方法见附录B;

$\sigma_{p,\max}$——最重的轴载在临界荷位处产生的最大荷载应力(MPa),计算方法见附录B;

$\sigma_{t,\max}$——所在地区最大温度梯度在临界荷位处产生的最大温度翘曲应力(MPa),计算方法见附录B;

γ_r——可靠度系数,依据所选目标可靠度、变异水平等级及变异系数通过计算确定;

f_r——水泥混凝土弯拉强度标准值(MPa),按表3.0.8取值。

3.0.5 贫混凝土或碾压混凝土基层应以设计基准期内行车荷载不产生疲劳断裂作为设计标准。其极限状态设计表达式可采用式(3.0.5)。

$$\gamma_r \sigma_{bpr} \leqslant f_{br} \qquad (3.0.5)$$

式中:σ_{bpr}——基层内产生的行车荷载疲劳应力(MPa),计算方法见附录B;

f_{br}——基层材料的弯拉强度标准值(MPa)。

3.0.6 按疲劳断裂设计标准进行结构分析时,以100kN单轴—双轮组荷载作为设计轴载,对极重交通荷载等级的水泥混凝土路面,宜选用货车中占主要份额特重车型的轴载作为设计轴载。各级轴载作用次数 N_i,可按式(3.0.6)换算为设计轴载的作用次数 N_s。

$$N_s = \sum_{i=1}^{n} N_i \left(\frac{P_i}{P_s}\right)^{16} \qquad (3.0.6)$$

式中:P_i——第 i 级轴载重(kN),联轴按每一根轴载单独计;

P_s——设计轴载重(kN);

n——各种轴型的轴载级位数;

N_i——i 级轴载的作用次数;

N_s——设计轴载的作用次数。

3.0.7 水泥混凝土路面设计车道在设计基准期内所承受的设计轴载累计作用次数应按附录A进行调查和分析,按设计基准期内设计车道临界荷位处所承受的设计轴载累计作用次数分为5级,分级范围见表3.0.7。

表3.0.7 交通荷载分级

交通荷载等级	极 重	特 重	重	中 等	轻
设计基准期内设计车道承受设计轴载(100kN)累计作用次数 N_e(10^4)	$>1\times10^6$	$1\times10^6 \sim 2\,000$	$2\,000 \sim 100$	$100 \sim 3$	<3

3.0.8 水泥混凝土的设计强度应采用 28d 龄期的弯拉强度。各交通荷载等级要求的水泥混凝土弯拉强度标准值不得低于表 3.0.8 的规定。

表 3.0.8 水泥混凝土弯拉强度标准值

交通荷载等级	极重、特重、重	中 等	轻
水泥混凝土的弯拉强度标准值(MPa)	≥5.0	4.5	4.0
钢纤维混凝土的弯拉强度标准值(MPa)	≥6.0	5.5	5.0

3.0.9 在季节性冰冻地区,路面结构层的总厚度不应小于表 3.0.9 规定的最小防冻厚度。

表 3.0.9 水泥混凝土路面结构层最小防冻厚度(m)

路基干湿类型	路基土类别	当地最大冰冻深度(m)			
		0.50~1.00	1.00~1.50	1.50~2.00	>2.00
中湿路基	易冻胀土	0.30~0.50	0.40~0.60	0.50~0.70	0.60~0.95
	很易冻胀土	0.40~0.60	0.50~0.70	0.60~0.85	0.70~1.10
潮湿路基	易冻胀土	0.40~0.60	0.50~0.70	0.60~0.90	0.75~1.20
	很易冻胀土	0.45~0.70	0.55~0.80	0.70~1.00	0.80~1.30

注:1. 易冻胀土——细粒土质砾(GM、GC)、除极细粉土质砂外的细粒土质砂(SM、SC)、塑性指数小于 12 的黏质土(CL、CH)。
2. 很易冻胀土——粉质土(ML、MH)、极细粉土质砂(SM)、塑性指数在 12~22 之间的黏质土(CL)。
3. 冻深小或填方路段,或基、垫层采用隔温性能良好的材料,可采用低值;冻深大或挖方及地下水位高的路段,或基、垫层采用隔温性能稍差的材料,应采用高值。
4. 冻深小于 0.50m 的地区,可不考虑结构层防冻厚度。

3.0.10 水泥混凝土面层的最大温度梯度标准值 T_g,可按公路所在地的公路自然区划按表 3.0.10 选用。

表 3.0.10 最大温度梯度标准值 T_g

公路自然区划	Ⅱ、Ⅴ	Ⅲ	Ⅳ、Ⅵ	Ⅶ
最大温度梯度(℃/m)	83~88	90~95	86~92	93~98

注:海拔高时,取高值;湿度大时,取低值。

4 结构组合设计

4.1 一般规定

4.1.1 应依据公路等级、交通荷载、路基条件、当地温度和湿度状况以及使用性能要求,选择及组合与之相适应的水泥混凝土路面结构。

4.1.2 路面结构组合设计,应使各个结构层的力学特性及其组成材料性质满足相应的功能要求。

4.1.3 应充分考虑各相邻结构层的相互作用、层间结合条件和要求,以及结构组合的协调与平衡。

4.1.4 应充分考虑地表水的渗入和冲刷作用。采取封堵和疏排措施,减少地表水渗入,防止渗入水积滞在路面结构内。基层应选用抗冲刷能力强的材料。

4.2 路基

4.2.1 路基应稳定、密实、均质,对路面结构提供均匀的支承。

4.2.2 路床顶面的综合回弹模量值,轻交通荷载等级时不得低于40MPa,中等或重交通荷载等级时不得低于60MPa,特重或极重交通荷载等级时不得低于80MPa。

4.2.3 路基填料应满足以下要求:
1 高液限黏土及含有机质的细粒土不应用作高速公路和一级公路的路床填料或二级公路和二级以下公路的上路床填料。
2 高液限粉土、塑性指数大于16或膨胀率大于3%的低液限黏土不应用作高速公路和一级公路的上路床填料。
3 因条件限制必须采用上述土作填料时,应掺加水泥、粉煤灰或石灰等结合料进行改善。

4.2.4 路床顶面综合回弹模量值不满足4.2.2条要求时,应选用粗粒土或低剂量无机结合料稳定土作路床或上路床填料。当路基工作区底面接近或低于地下水位时,可采取更换填料、设置排水渗沟等措施。

4.2.5 季节性冰冻地区的中湿类、潮湿类和过湿类路基,当冰冻线深度达到路基的易冻胀土层时,在易冻胀土层上应设置防冻垫层或用不易冻胀土置换冰冻线深度范围内的易冻胀土。

4.2.6 水文地质条件不良的土质路堑,应采取地下排水措施。

4.2.7 对路堤下的软弱地基进行加固处治后,其工后沉降量应符合现行《公路路基设计规范》(JTG D30)的规定,并宜在路床顶部铺筑粒料层。

4.2.8 填挖交界或新老路基结合路段,应采取防止差异沉降的技术措施。

4.2.9 石质挖方或填石路床顶面应铺设整平层。整平层可采用碎石、低剂量水泥稳定粒料等材料,其厚度可根据路床顶面平整程度确定,最小厚度不小于100mm。

4.3 垫层

4.3.1 遇有以下情况时,应在基层或底基层下设置垫层:
1 季节性冰冻地区,路面结构厚度小于最小防冻厚度要求(表3.0.9)时,应设置防冻垫层,使路面结构厚度符合要求。
2 水文地质条件不良的土质路堑,路床土湿度较大时,宜设置排水垫层。

4.3.2 垫层应与路基同宽,厚度不得小于150mm。

4.3.3 防冻垫层和排水垫层宜采用碎石、砂砾等颗粒材料。

4.4 基层和底基层

4.4.1 基层和底基层应具有足够的抗冲刷能力和适当的刚度。

4.4.2 基层和底基层的材料可依据交通荷载等级、结构层组合要求和材料供应条件,分别参照表4.4.2-1和表4.4.2-2选用。

表4.4.2-1 各交通荷载等级的基层材料类型

交通荷载等级	基层材料类型
极重、特重	贫混凝土、碾压混凝土
	沥青混凝土
重	密级配沥青稳定碎石
	水泥稳定碎石
中等、轻	级配碎石
	水泥稳定碎石,石灰、粉煤灰稳定碎石

注:交通荷载分级见表3.0.7。

表4.4.2-2 各交通荷载等级的底基层材料类型

交通荷载等级	底基层材料类型
极重、特重、重	级配碎石,水泥稳定碎石,石灰、粉煤灰稳定碎石
中等、轻	未筛分碎石、级配砾石,或不设

注:交通荷载分级见表3.0.7。

4.4.3 承受极重、特重或重交通荷载的路面,基层下应设置底基层;承受中等或轻交通荷载时,可不设底基层。当基层采用无机结合料稳定类材料,且上路床由细粒土组成时,应在基层下设置粒料类底基层。

4.4.4 基层采用无机结合料稳定类材料时,底基层宜选用小于0.075mm颗粒含量少于7%的粒料类材料。

4.4.5 贫混凝土或碾压混凝土基层上应铺设沥青混凝土夹层,层厚不宜小于40mm。无机结合料稳定碎石基层上应设置封层,封层可采用单层沥青表面处治或适宜的膜层材料等。当采用单层沥青表面处治时,层厚不宜小于6mm。

4.4.6 多雨地区,路基由低透水性细粒土组成的高速公路和一级公路或者承受极重或特重交通荷载的二级公路,宜设置由开级配沥青稳定碎石或开级配水泥稳定碎石组成的排水基层。排水基层下应设置由密级配粒料或水泥稳定碎石组成的不透水底基层。底基层顶面宜铺设沥青类封层或防水土工织物。

4.4.7 各种基层和底基层的结构层适宜压实厚度,应按所选集料的公称最大粒径和压实效果的要求而定。基层或底基层的设计层厚超出相应材料的适宜压实厚度范围时,宜分层铺设和压实。

4.4.8 贫混凝土或碾压混凝土基层的计算厚度应满足式(3.0.5)的要求。基层设计厚度应依据计算厚度按10mm向上取整。

4.4.9 开级配沥青稳定碎石或水泥稳定碎石排水基层的计算厚度应满足排除表面水设计渗入量的需要。排水基层的设计厚度宜依据计算厚度按10mm向上取整后再增加20mm。

4.4.10 硬路肩采用混凝土面层时,基层的结构与厚度应与行车道相同。基层的宽度应比混凝土面层每侧宽出 300mm(小型机具施工时)或 650mm(滑模式摊铺机施工时)。

4.4.11 碾压混凝土基层应设置与混凝土面层相对应的接缝。贫混凝土基层弯拉强度大于 1.5MPa 时,应设置与面层相对应的横向缩缝;一次摊铺宽度大于 7.5m 时,应设置纵向缩缝。

4.5 面层

4.5.1 水泥混凝土面层应具有足够的强度和耐久性,表面应抗滑、耐磨、平整。

4.5.2 面层宜采用设接缝的普通水泥混凝土。当面层板的平面尺寸较大或形状不规则,路面结构下埋有地下设施,位于高填方、软土地基、填挖交界段等有可能产生不均匀沉降的路基段时,应采用接缝设置传力杆的钢筋混凝土面层。连续配筋混凝土、碾压混凝土和钢纤维混凝土等其他面层类型可依据适用条件选用。

4.5.3 普通水泥混凝土、钢筋混凝土、碾压混凝土和连续配筋混凝土面层的计算厚度,可依据交通荷载等级、公路等级和变异水平等级,按式(3.0.4-1)和式(3.0.4-2)确定。各种混凝土面层的设计厚度应依据计算厚度加 6mm 磨耗层后,按 10mm 向上取整。

4.5.4 钢纤维混凝土的钢纤维体积率宜为 0.6%~1.0%,面层厚度宜为普通混凝土面层厚度的 0.75~0.65 倍,按钢纤维掺量确定。特重或重交通荷载时,其最小厚度应为 180mm;中等或轻交通荷载时,其最小厚度应为 160mm。

4.5.5 复合式路面的沥青混凝土上面层的厚度不宜小于 40mm。水泥混凝土下面层的计算厚度,应满足式(3.0.4-1)和式(3.0.4-2)的要求。水泥混凝土下面层与沥青混凝土上面层之间应设置黏层。

4.5.6 路面表面必须采用拉毛、拉槽、压槽或刻槽等方法筑做表面构造,在交工验收时构造深度应满足表 4.5.6 的要求。

表 4.5.6 各级公路水泥混凝土面层的表面构造深度(mm)要求

公 路 等 级	高速公路、一级公路	二、三、四级公路
一般路段	0.70~1.10	0.50~1.00
特殊路段	0.80~1.20	0.60~1.10

注:1. 特殊路段——对于高速和一级公路系指立交、平交或变速车道等处,对于其他等级公路系指急弯、陡坡、交叉口或集镇附近。

2. 在年降雨量 600mm 以下的地区,表列数值可适当降低。

4.5.7 混凝土预制块可采用矩形块或异形块。矩形块的长度宜为200~250mm,宽度宜为100~125mm,厚度宜为80~150mm。预制块下砂垫层的厚度宜为30~50mm。

4.6 路肩

4.6.1 路肩铺面结构应具有一定的承载能力,其结构层组合和材料选用应与行车道路面相协调,不应使渗入的路表水积滞在行车道路面结构内。

4.6.2 行车道混凝土面层宜宽出外侧车道边缘线0.6m。

4.6.3 高速公路和一级公路以及承受极重、特重和重交通荷载等级的公路,路肩铺面应采用与行车道路面相同的结构层组合和组成材料类型。其他等级公路,路肩铺面的基层和底基层应采用与行车道路面结构相同的材料类型和厚度。

4.6.4 路肩面层可选用水泥混凝土或沥青类材料。路肩面层选用沥青类材料时,中等交通荷载以上等级公路,应采用热拌沥青混合料;低等级公路和轻交通荷载等级公路,可采用沥青表面处治。路肩基层为粒料类材料时,其细料(小于0.075mm)含量不应超过6%。

4.6.5 路肩混凝土面层与行车道面层应设置拉杆相连,二者的横向缩缝应连通。行车道面层为连续配筋混凝土时,路肩混凝土面层的横向缩缝间距应为4.5m。

4.7 路面排水

4.7.1 行车道路面横坡坡度宜为1%~2%,路肩表面的横向坡度宜为2%~3%。

4.7.2 行车道路面结构设置排水基层或垫层时,应在排水基层或垫层外侧边缘设置纵向集水沟和带孔集水管,并间隔50~100m设置横向排水管。

4.7.3 排水基层的纵向边缘集水沟,当路肩采用沥青面层时,可设在路肩内侧边缘内;当路肩采用水泥混凝土面层时,可设在路肩下或路肩外侧边缘内。排水垫层的纵向边缘集水沟宜设在路床边缘。

4.7.4 带孔集水管的管径宜采用100~150mm。集水沟的宽度宜采用300mm。集水沟的深度应能保证集水管管顶低于排水层底面,并有足够厚度的回填料使集水管不被施工机械压裂。沟内回填料宜采用与排水基层或垫层相同的透水性材料,或不含细料的碎石或砾石粒料。横向排水管应不带孔,其管径与集水管相同。

4.7.5 集水沟和集水管的纵坡宜与路线纵坡相同,且不宜小于0.3%。横向排水管的坡度不宜小于5%。

4.7.6 横向排水管出口端应设端墙,端头宜用镀锌铁丝网或格栅罩住,出水口下方应铺设水泥混凝土防冲垫板或进行坡面防护。在横向排水管上方的路肩边缘处应设置标志标明出水口位置。

5 接缝设计

5.1 一般规定

5.1.1 普通水泥混凝土、钢筋混凝土、碾压混凝土和钢纤维混凝土面层板的平面布局宜采用矩形分块,其纵向和横向接缝应垂直相交,纵缝两侧的横缝不得相互错位。

5.1.2 纵向接缝的间距(即板宽)宜在3.0~4.5m范围内选用。

5.1.3 横向接缝的间距(即板长)应按面层类型和厚度选定:
1 普通水泥混凝土面层宜为4~6m,面层板的长宽比不宜超过1.35,平面面积不宜大于25m²。
2 碾压混凝土或钢纤维混凝土面层宜为6~10m。
3 钢筋混凝土面层宜为6~15m,面层板的长宽比不宜超过2.5,平面面积不宜大于45m²。

5.2 纵向接缝

5.2.1 纵向接缝的布设应视路面总宽度、行车道及硬路肩宽度以及施工铺筑宽度而定:
1 一次铺筑宽度小于路面宽度时,应设置纵向施工缝。纵向施工缝应采用设拉杆平缝形式,上部应锯切槽口,深度宜为30~40mm,宽度宜为3~8mm,槽内应灌塞填缝料。其构造如图5.2.1a)所示。
2 一次铺筑宽度大于4.5m时,应设置纵向缩缝。纵向缩缝应采用设拉杆假缝形式,锯切的槽口深度应大于施工缝的槽口深度。采用粒料基层时,槽口深度应为板厚的1/3;采用半刚性基层时,槽口深度应为板厚的2/5。其构造如图5.2.1b)所示。
3 碾压混凝土面层一次摊铺宽度大于7.5m时,应设置纵向缩缝,缩缝构造如图5.2.1b)所示;钢纤维混凝土面层在摊铺宽度小于7.5m时,可不设纵向缩缝。
4 行车道路面与混凝土硬路肩之间的纵向接缝必须设置拉杆。

5.2.2 纵缝应与路线中线平行。在路面等宽的路段内或路面变宽路段的等宽部分,纵缝的间距和形式应保持一致。路面变宽段的加宽部分与等宽部分之间,应以纵向施工缝隔开。加宽板在变宽段起终点处的宽度不应小于1m。

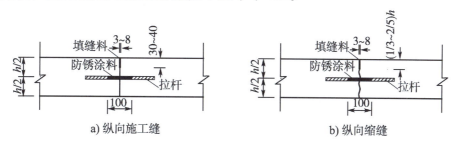

图 5.2.1　纵缝构造(尺寸单位:mm)

5.2.3　拉杆应采用螺纹钢筋,设在板厚中央,并应对拉杆中部100mm范围内进行防锈处理。拉杆的直径、长度和间距可参照表5.2.3选用。施工布设时,拉杆间距应根据横向接缝的实际位置予以调整,最外侧的拉杆距横向接缝的距离不得小于100mm。

表 5.2.3　拉杆直径、长度和间距(mm)

面层厚度 (mm)	到自由边或未设拉杆纵缝的距离(m)					
	3.00	3.50	3.75	4.50	6.00	7.50
200~250	14×700×900	14×700×800	14×700×700	14×700×600	14×700×500	14×700×400
≥260	16×800×800	16×800×700	16×800×600	16×800×500	16×800×400	16×800×300

注:拉杆尺寸表示方法为直径×长度×间距。

5.2.4　连续配筋混凝土面层的纵缝拉杆可由板内横向钢筋延伸穿过接缝代替。

5.3　横向接缝

5.3.1　每日施工结束或因临时原因中断施工时,必须设置横向施工缝,其位置宜选在缩缝或胀缝处。设在缩缝处的施工缝,应采用加传力杆的平缝形式,其构造如图5.3.1所示;设在胀缝处的施工缝,其构造应与胀缝相同,如图5.3.4所示。

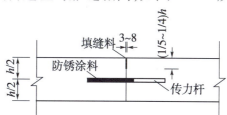

图 5.3.1　横向施工缝构造(尺寸单位:mm)

5.3.2　横向缩缝可等间距或变间距布置,应采用假缝形式。极重、特重和重交通荷载公路的横向缩缝,中等和轻交通荷载公路邻近胀缝或自由端部的3条横向缩缝,收费广场的横向缩缝,应采用设传力杆假缝形式,其构造如图 5.3.2a)所示。其他情况可采用不设传力杆假缝形式,其构造如图 5.3.2b)所示。传力杆的设置不应妨碍相邻混凝土板的自由伸缩,钢筋表面应作防锈处理。

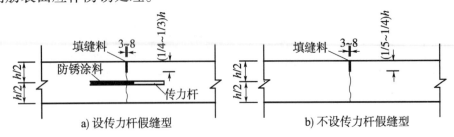

图 5.3.2 横向缩缝构造(尺寸单位:mm)

5.3.3 横向缩缝顶部应锯切槽口,设置传力杆时槽口深度宜为面层厚度的 1/4～1/3,不设置传力杆时槽口深度宜为面层厚度的 1/5～1/4。槽口宽度应根据施工条件、填缝料性能等因素而定,宽度宜为 3～8mm,槽内应填塞填缝料。二级及二级以下公路的槽口可一次锯切成型。高速和一级公路槽口宜二次锯切成型,在第一次锯切缝的上部宜增设宽 7～10mm 的浅槽口,槽口下部应设置背衬垫条,上部应用填缝料灌填,其构造如图 5.3.3 所示。

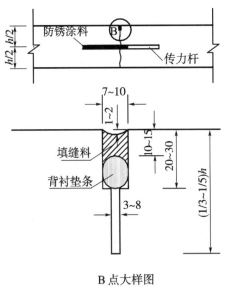

图 5.3.3 二次锯切槽口构造(尺寸单位:mm)

5.3.4 在邻近桥梁或其他固定构造物处,或者与其他道路相交处,应设置横向胀缝。胀缝条数应根据膨胀量大小设置。胀缝宽宜为 20～25mm,缝内应设置填缝板和可滑动的传力杆。胀缝的构造如图 5.3.4 所示。

5.3.5 传力杆应采用光圆钢筋。横向缩缝传力杆的尺寸、间距和要求与胀缝相同,可按表 5.3.5 选用。最外侧传力杆距纵向接缝或自由边的距离宜为 150～250mm。

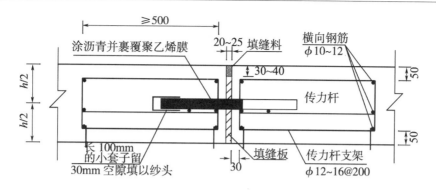

图 5.3.4 胀缝构造(尺寸单位:mm)

表 5.3.5 传力杆尺寸和间距(mm)

面层厚度	传力杆直径	传力杆最小长度	传力杆最大间距
220	28	400	300
240	30	400	300
260	32	450	300
280	32～34	450	300
≥300	34～36	500	300

5.4 交叉口接缝布设

5.4.1 两条道路正交时,各条道路宜保持本身纵缝的连贯,而相交路段内各条道路的横缝位置应按相对道路的纵缝间距作相应变动,保证两条道路的纵横缝垂直相交,互不错位。两条道路斜交时,主要道路宜保持纵缝的连贯,而相交路段内的横缝位置应按次要道路的纵缝间距作相应变动,保证与次要道路的纵缝相连接。相交道路弯道加宽部分的接缝布置,应不出现或少出现错缝和锐角板;当出现错缝、锐角板时,宜加设防裂钢筋和角隅补强钢筋。

5.4.2 在次要道路弯道加宽段起终点断面处的横向接缝,应采用胀缝形式。膨胀量大时,应在直线段连续布置2～3条胀缝。

5.5 端部处理

5.5.1 混凝土路面与桥涵、通道及隧道等固定构造物相衔接的胀缝无法设置传力杆时,可在毗邻构造物的板端部内配置双层钢筋网;或在长度为6～10倍板厚的范围内逐渐将板厚增加20%,如图5.5.1所示。

5.5.2 混凝土路面与桥梁相接应符合以下规定:

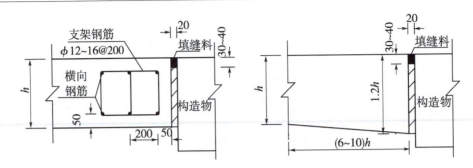

图 5.5.1 邻近构造物胀缝构造(尺寸单位:mm)

1 桥头设有搭板时,应在搭板与混凝土面层板之间设置长 6～10m 的钢筋混凝土面层过渡板。过渡板与搭板间的横缝采用设拉杆平缝形式,过渡板与混凝土面层板间的横缝采用设传力杆胀缝形式。膨胀量大时,应连续设置 2～3 条设传力杆胀缝。当桥梁为斜交时,钢筋混凝土板的锐角部分应采用钢筋网补强。

2 桥头未设搭板时,宜在混凝土面层与桥台之间设置长 10～15m 的钢筋混凝土面层板;或设置由混凝土预制块面层或沥青面层铺筑的过渡段,其长度应不小于 8m。

5.5.3 混凝土路面与沥青路面相接时,应设置不小于 3m 的过渡段。过渡段的路面应采用两种路面呈阶梯状叠合布置,其下面铺设的变厚度混凝土过渡板的厚度不得小于 200mm,如图 5.5.3 所示。过渡板顶面应设横向拉槽,沥青层与过渡板之间应黏结良好。过渡板与混凝土面层板相接处的接缝内宜设置直径 25mm、长 700mm、间距 400mm 的拉杆。混凝土面层毗邻该接缝的 1～2 条横向接缝应采用胀缝形式。

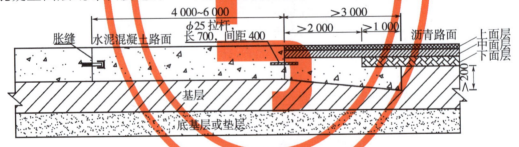

图 5.5.3 混凝土路面与沥青路面相接段的构造布置(尺寸单位:mm)

5.5.4 连续配筋混凝土面层与其他类型路面或构造物相连接的端部,应设置锚固结构。端部锚固结构可采用钢筋混凝土地梁或宽翼缘工字钢梁接缝等形式。

1 钢筋混凝土地梁依据路基土的强弱宜采用 3～5 个,梁宽 400～600mm,梁高 1 200～1 500mm,间距 5 000～6 000mm;地梁与连续配筋混凝土面层应连成整体。其构造如图 5.5.4-1 所示。

2 宽翼缘工字钢梁的底部应锚入钢筋混凝土枕梁内,工字钢梁的尺寸、锚入深度应依据连续配筋混凝土路面厚度选择,枕梁宜长 3 000mm、厚 200mm;钢梁腹板与连续配筋混凝土面层端部间应填入胀缝材料。其构造如图 5.5.4-2 所示。

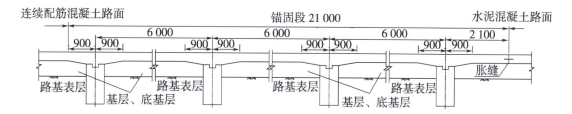

a) 锚固段的纵断面(地梁应贯穿路面全宽)

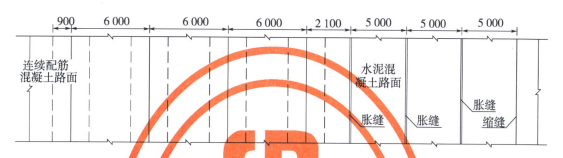

b) 锚固段与毗邻板的平面图

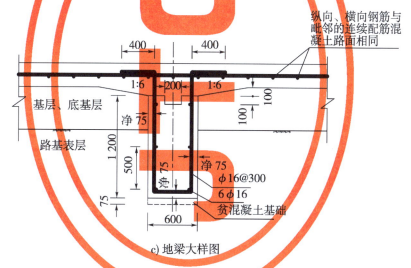

c) 地梁大样图

图 5.5.4-1 钢筋混凝土地梁锚固(尺寸单位:mm)

a) 锚固段与毗邻板平面图

图 5.5.4-2

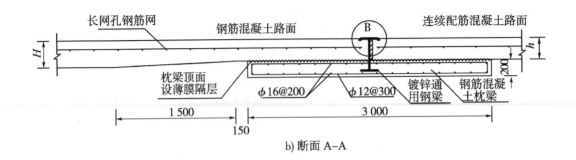

b) 断面 A-A

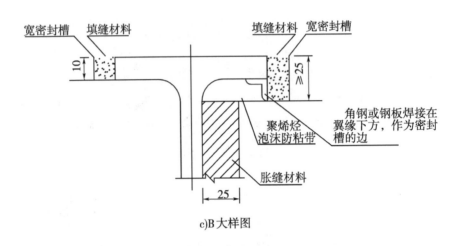

c) B 大样图

图 5.5.4-2 宽翼缘工字钢梁锚固（尺寸单位：mm）

5.6 填缝材料

5.6.1 胀缝接缝板应选用能适应混凝土板膨胀收缩、施工时不易变形、复原率高和耐久性好的材料。高速公路和一级公路宜选用泡沫橡胶板、沥青纤维板；其他等级公路也可选用木材类或纤维类板。

5.6.2 填缝料应选用与混凝土接缝槽壁黏结力强、回弹性好、适应混凝土板收缩、不溶于水、不渗水、高温时不流淌、低温时不脆裂、耐老化、有一定抵抗砂石嵌入的能力、便于施工操作的材料。高速公路、一级公路宜选用硅酮类、聚氨酯类填缝料；二级及二级以下公路可选用聚氨酯类、橡胶沥青类或改性沥青类填缝料。

6 混凝土面层配筋设计

6.1 普通混凝土面层配筋

6.1.1 普通混凝土面层基础薄弱的自由边缘、接缝为未设传力杆的平缝、主线与匝道相接处或与其他类型路面相接处,可在面层边缘的下部配置钢筋。可选用 2 根直径为 12~16mm 的螺纹钢筋,置于面层底面之上 1/4 厚度处并不小于 50mm,间距为 100mm,钢筋两端向上弯起,如图 6.1.1 所示。

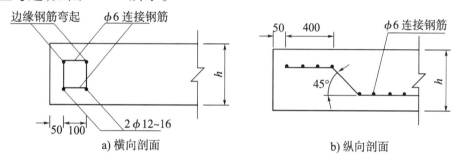

图 6.1.1 边缘钢筋布置(尺寸单位:mm)

6.1.2 承受极重、特重或重交通的水泥混凝土面层的胀缝、施工缝和自由边的角隅以及承受极重交通的水泥混凝土面层缩缝的角隅,宜配置角隅钢筋。可选用 2 根直径为 12~16mm 的螺纹钢筋,置于面层上部,距顶面不小于 50mm,距边缘为 100mm,如图6.1.2所示。

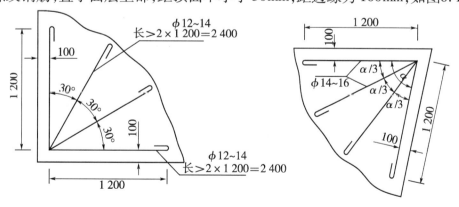

图 6.1.2 角隅钢筋布置(尺寸单位:mm)

6.1.3 混凝土面层下有箱形构造物横向穿越,其顶面至混凝土面层底面的间距小于 800mm 时,在构造物顶宽及两侧各 $1.5H+1.5m$ 且不小于 4m 的范围内,混凝土面层内应布设双层钢筋网,上下层钢筋网应分别设置在距面层顶面和底面1/4~1/3厚度处,如图6.1.3-1所示。构造物顶面至面层底面的距离在800~1600mm时,应在上述长度范围内的混凝土面层中布设单层钢筋网。钢筋网应设在距顶面1/4~1/3厚度处,如图6.1.3-2所示。钢筋直径宜为12mm,纵向钢筋间距宜为100mm,横向钢筋间距宜为200mm。配筋混凝土面层与相邻混凝土面层之间应设置设传力杆的缩缝。

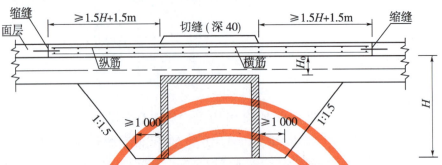

图6.1.3-1 箱形构造物横穿公路处的面层配筋($H_0 < 800mm$)(尺寸单位:mm)

H-面层底面到构造物底面的距离;H_0-面层底面到构造物顶面的距离

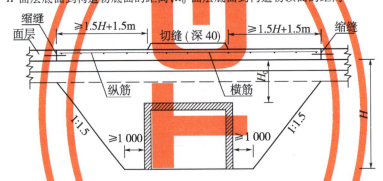

图6.1.3-2 箱形构造物横穿公路处的面层配筋($H_0 = 800 \sim 1600mm$)(尺寸单位:mm)

H-面层底面到构造物底面的距离;H_0-面层底面到构造物顶面的距离

6.1.4 混凝土面层下有圆形管状构造物横向穿越,其顶面至面层底面的距离小于1 200mm时,在构造物两侧各$1.5H + 1.5m$,且不小于4m的范围内,混凝土面层内应布设单层钢筋网,钢筋网应设在距面层顶面1/4~1/3厚度处,如图6.1.4所示。钢筋尺寸和间距及传力杆接缝设置与6.1.3条相同。

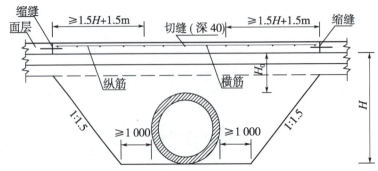

图6.1.4 圆形管状构造物横穿公路处的面层配筋($H_0 < 1 200mm$)(尺寸单位:mm)

H-面层底面到构造物底面的距离;H_0-面层底面到构造物顶面的距离

6.2 钢筋混凝土面层配筋

6.2.1 钢筋混凝土面层的配筋量应按式(6.2.1)确定。

$$A_s = \frac{16L_s h\mu}{f_{sy}} \quad (6.2.1)$$

式中：A_s——每延米混凝土面层宽(或长)所需的钢筋面积(mm^2)；

　　L_s——计算纵向钢筋时,为横缝间距(m)；计算横向钢筋时,为无拉杆的纵缝或自由边之间的距离(m)；

　　h——面层厚度(mm)；

　　μ——面层与基层之间的摩阻系数,按附录表 E.0.3-3 选用；

　　f_{sy}——钢筋的屈服强度(MPa),按附录表 E.0.4 选用。

6.2.2 纵向和横向钢筋宜采用相同或相近的直径,直径差不应大于 4mm。钢筋的最小直径和最大间距,应符合表 6.2.2 的规定。钢筋的最小间距宜为集料最大粒径的 2 倍。

表 6.2.2 钢筋最小直径和最大间距(mm)

钢筋类型	最小直径	纵向钢筋最大间距	横向钢筋最大间距
光圆钢筋	8	150	300
螺纹钢筋	12	350	600

6.2.3 钢筋布置应符合下列要求：

1 纵向钢筋应设在面层顶面下 1/3 ~ 1/2 厚度范围内,在不影响施工的情况下宜设在接近面层顶面下 1/3 厚度处。

2 横向钢筋应位于纵向钢筋之下。

3 纵向钢筋的搭接长度宜大于 35 倍钢筋直径,搭接位置应错开,各搭接端连线与纵向钢筋的夹角应小于 60°。

4 边缘钢筋至纵缝或自由边的距离宜为 100 ~ 150mm。

6.3 连续配筋混凝土面层配筋

6.3.1 连续配筋混凝土面层的纵向配筋量应按下述要求确定：

1 纵向钢筋埋置深度处的裂缝缝隙平均宽度不大于 0.5mm。

2 横向裂缝的平均间距不大于 1.8m。

3 钢筋所承受的拉应力不超过其屈服强度。

4 满足上述要求所需的纵向配筋率,中等交通荷载等级宜为 0.6% ~ 0.7%,重交通荷载等级宜为 0.7% ~ 0.8%,特重交通荷载等级宜为 0.8% ~ 0.9%,极重交通荷载等级宜为 0.9% ~ 1.0%。冰冻地区路面的配筋率宜高于一般地区 0.1%。所需配筋率的具体计算方法参见附录 D。

5 连续配筋混凝土用于复合式面层的下面层时,其纵向配筋率可降低 0.1%。

6.3.2 横向钢筋的用量应按 6.2.1 条计算确定,并应满足施工时固定和保持纵向钢筋位置的要求。

6.3.3 连续配筋混凝土面层的纵向和横向钢筋均应采用螺纹钢筋,直径宜为 12～20mm。当钢筋可能受到较严重腐蚀时,宜在钢筋外涂环氧树脂等防腐材料。

6.3.4 钢筋布置应符合下列要求:

1 纵向钢筋距面层顶面不应小于 90mm,最大深度不应大于 1/2 面层厚度,在不影响施工的情况下宜接近 90mm。

2 纵向钢筋的间距不应大于 250mm,不小于集料最大粒径的 2.5 倍。

3 纵向钢筋的焊接长度宜不小于 10 倍(单面焊)或 5 倍(双面焊)钢筋直径,焊接位置应错开,各焊接端连线与纵向钢筋的夹角应小于 60°。

4 边缘钢筋至纵缝或自由边的距离宜为 100～150mm。

5 横向钢筋应位于纵向钢筋之下;横向钢筋间距宜为 300～600mm,直径大时取大值。

6 横向钢筋宜斜向设置,其与纵向钢筋的夹角可取 60°。

6.3.5 相邻车道之间或车道与硬路肩之间的纵向接缝内,必须设置拉杆。该拉杆可用加长的横向钢筋代替。

7 材料组成与参数要求

7.1 一般规定

7.1.1 路面各结构层组成材料的原材料品质和技术指标要求,以及混合料组成设计方法,应符合现行《公路水泥混凝土路面施工技术规范》(JTG F30)、《公路路面基层施工技术规范》(JTJ 034)和《公路沥青路面施工技术规范》(JTG F40)中有关条款的规定。

7.1.2 路基和路面各结构层混合料的各项设计参数取值,应按有关试验规程的试验方法实测确定,其标准值按概率分布的85%分位值取用。受条件限制无法通过试验取得数值时,可参照经验数值范围,结合工程经验分析确定。

7.2 垫层材料

7.2.1 防冻垫层所采用的粒料(砂或砂砾)中,小于0.075mm的细粒含量不宜大于5%。

7.2.2 排水垫层的粒料级配应同时满足渗水和反滤的要求。

7.3 基层材料

7.3.1 贫混凝土集料公称最大粒径不宜大于31.5mm,水泥用量在不掺粉煤灰时不得少于170kg/m^3,28d弯拉强度标准值宜控制在2.0~2.5MPa范围内。碾压混凝土集料公称最大粒径不得大于26.5mm。

7.3.2 水泥稳定粒料、级配碎石或砾石的集料公称最大粒径宜为26.5mm或31.5mm。小于0.075mm的细粒含量不得大于5%,小于4.75mm的颗粒含量不宜大于50%,液限应小于28%,塑性指数应小于5。承受极重、特重和重交通时,水泥剂量宜为4%~6%;中等和轻交通时,水泥剂量宜为4%。

7.3.3 石灰粉煤灰稳定粒料的集料公称最大粒径宜为26.5mm。小于0.075mm的细粒含量不得大于7%;小于4.75mm的颗粒含量不宜大于50%。石灰与粉煤灰的配比宜为1:2~1:4;粒料与石灰粉煤灰的配比宜为85:15~80:20。

7.3.4 沥青混凝土基层宜采用集料公称最大粒径为19.0mm或26.5mm的混合料,沥青稳定碎石基层宜采用集料公称最大粒径为26.5mm或31.5mm的混合料,沥青混凝土夹层宜采用集料公称最大粒径为9.5mm或13.2mm的混合料。各种沥青混合料的沥青用量宜适当增大。

7.3.5 开级配水泥稳定碎石的集料公称最大粒径宜为26.5mm或31.5mm。小于0.075mm的细粒含量不得大于2%;小于2.36mm的颗粒含量不宜大于5%;小于4.75mm的颗粒含量不宜大于10%。水泥剂量宜为9.5%~11%。

7.3.6 开级配沥青稳定碎石的集料公称最大粒径宜为19.0mm或26.5mm。小于0.075mm的细粒含量不得大于2%;小于0.6mm的颗粒含量不宜大于5%;小于2.36mm的颗粒含量不宜大于15%;小于4.75mm的颗粒含量不宜大于20%。沥青标号应选用50A或70A,沥青用量宜为2.5%~3.5%。

7.4 面层材料

7.4.1 水泥混凝土集料公称最大粒径不应大于26.5mm。砂的细度模数不宜小于2.5;高速公路面层的用砂,其硅质砂或石英砂的含量不宜低于25%。水泥含量不得少于300kg/m³(非冰冻地区)或320kg/m³(冰冻地区)。冰冻地区的混凝土中必须掺加引气剂。

7.4.2 厚度大于300mm的普通混凝土面层可分上下两层连续铺筑。上层厚度应不小于总厚度的1/3,宜采用高强、耐磨的混凝土材料,集料公称最大粒径不宜大于19mm。

7.4.3 钢纤维混凝土集料公称最大粒径宜为钢纤维长度的1/2~2/3,并不宜大于16mm。钢纤维的抗拉强度标准值不宜小于600级(600~1000MPa)。水泥用量不得少于360kg/m³(非冰冻地区)或380kg/m³(冰冻地区)。

7.4.4 碾压混凝土面层混凝土的集料公称最大粒径不宜大于19.0mm,水泥用量不得少于280kg/m³(非冰冻地区)或310kg/m³(冰冻地区)。

7.4.5 混凝土预制块的抗压强度不宜低于50MPa(非冰冻地区)或60MPa(冰冻地

区)。砂垫层宜选用细度模数为 2.3～3.0 的天然砂,4.75mm 筛孔的累计筛余量不应大于 5%,含泥量不应大于 5%。

7.5 材料设计参数

7.5.1 土和粒料的回弹模量应采用重复加载三轴压缩试验测定。土试件的尺寸应为直径 100mm、高 200mm(最大粒径不超过 19mm),粒料试件的尺寸应为直径 150mm、高 300mm。

7.5.2 无机结合料稳定类材料的弹性模量应采用单轴压缩试验测定。试件尺寸应为直径 100mm、高 200mm 或直径 150mm、高 300mm。水泥稳定类材料的试件龄期应采用 90d,石灰粉煤灰稳定类材料的试件龄期应采用 180d,测定前试件应浸水 1d。

7.5.3 沥青混合料动态模量应采用周期加载单轴压缩试验测定。试件的尺寸应为直径 100mm、高 150mm。

7.5.4 按经验数值范围确定路基和路面各结构层的各项设计参数值时,可参照附录 E 取值。

1 依据土的类别选取路基的回弹模量值时,可参照附录 E.0.1 取值。按土类由表 E.0.1-1 查取回弹模量经验参考值,并按路床顶距地下水位的距离由表 E.0.1-2 查取路基的湿度调整系数,二者相乘后得到回弹模量值。

2 依据粒料类别选取粒料层的回弹模量时,可参照附录 E.0.2,按材料类型由表 E.0.2-1 取值。

3 无机结合料稳定类基层或底基层的弹性模量,应采用考虑结构层收缩开裂后的有效模量,可参照附录 E.0.2 表 E.0.2-2 取值。

4 基层沥青混合料的动态模量值,可参照附录 E.0.2 表 E.0.2-3 取值。

7.5.5 混凝土配合比设计时的混合料试配弯拉强度的均值,应按式(7.5.5)确定。

$$f_m = \frac{f_r}{1 - 1.04 c_v} + ts \tag{7.5.5}$$

式中:f_m——混凝土试配弯拉强度的均值(MPa);
$\quad f_r$——混凝土弯拉强度标准值(MPa);
$\quad c_v$——混凝土弯拉强度的变异系数,参照表 3.0.2 取用;
$\quad s$——混凝土弯拉强度试验样本的标准差;
$\quad t$——保证率系数,按样本数和判别概率参照表 7.5.5 确定。

表7.5.5 保证率系数

公路等级	判别概率	样本数			
		6	9	15	20
高速公路	0.05	0.79	0.61	0.45	0.39
一级公路	0.10	0.59	0.46	0.35	0.30
二级公路	0.15	0.46	0.37	0.28	0.24
三、四级公路	0.20	0.37	0.29	0.22	0.19

8 加铺层结构设计

8.1 一般规定

8.1.1 在进行旧混凝土路面加铺层设计之前,应调查下列内容:
1 公路修建和养护技术资料:路面结构和材料组成、接缝构造及养护历史等。
2 路面损坏状况:损坏类型、轻重程度、范围及修补措施等。
3 路面结构强度:路表弯沉、接缝传荷能力、板底脱空状况、面层厚度和混凝土强度等。
4 已承受的交通荷载及预计的交通需求:交通量、轴载组成及增长率等。
5 环境条件:沿线气候条件、地下水位以及路基和路面的排水状况等。
6 桥隧净空:沿线跨线桥以及隧道的净空要求等。

8.1.2 地表或地下排水不良路段,应采取措施改善或增设地表或地下排水设施;旧混凝土路面结构排水不良路段,应增设路面边缘排水系统。

8.1.3 加铺层设计应包括施工期间维持通车的设计方案与交通安全组织管理等。

8.1.4 废旧路面材料应充分利用,减少对环境的不利影响。

8.2 路面损坏状况调查评定

8.2.1 旧混凝土路面的损坏状况应采用断板率和平均错台量两项指标评定。断板率的调查和计算可按现行《公路水泥混凝土路面养护技术规范》(JTJ 073.1)的规定进行。应采用错台仪量测接缝两侧板边的高程差,量测点的位置在错台严重车道的右侧边缘内300mm处,以调查路段内各条接缝高程差的平均值表示该路段的平均错台量。

8.2.2 路面损坏状况分为4个等级,各个等级的断板率和平均错台量的分级标准见表8.2.2。

表 8.2.2 路面损坏状况分级标准

等级	优良	中	次	差
断板率(%)	≤5	5~10	10~20	>20
平均错台量(mm)	≤3	3~7	7~12	>12

8.3 接缝传荷能力和板底脱空状况调查评定

8.3.1 旧混凝土面层板的接缝传荷能力和板底脱空状况应采用弯沉测试法调查评定，弯沉测试宜采用落锤式弯沉仪。

8.3.2 测定接缝传荷能力的试验荷载应采用设计轴载的一侧轮载，将荷载施加在邻近接缝的路面表面，实测接缝两侧边缘的弯沉值。应按式(8.3.2)计算接缝的传荷系数。

$$k_j = \frac{w_u}{w_l} \times 100 \tag{8.3.2}$$

式中：k_j——接缝传荷系数(%)；
w_u——未受荷板接缝边缘处的弯沉值(0.01mm)；
w_l——受荷板接缝边缘处的弯沉值(0.01mm)。

8.3.3 旧混凝土面层的接缝传荷能力分为4个等级，分级标准见表8.3.3。

表 8.3.3 接缝传荷能力分级标准

等级	优良	中	次	差
接缝传荷系数 k_j	≥80	60~80	40~60	<40

8.3.4 板底脱空可根据面层板角隅处的多级荷载弯沉测试结果，并综合考虑唧泥和错台发展程度以及接缝传荷能力进行判别，也可采用雷达、声波检测仪器检测板底脱空状况。

8.4 旧混凝土路面结构参数调查

8.4.1 旧混凝土面层厚度的标准值可根据钻孔芯样的量测高度按式(8.4.1)计算确定。

$$h_e = \bar{h}_e - 1.04 s_h \tag{8.4.1}$$

式中：h_e——旧混凝土面层量测厚度的标准值(mm)；
$\bar{h}_e$——旧混凝土面层量测厚度的均值(mm)；
s_h——旧混凝土面层厚度量测值的标准差(mm)。

8.4.2 旧混凝土面层的弯拉强度标准值可采用钻孔芯样的劈裂试验测定结果按式（8.4.2-1）和式（8.4.2-2）计算确定。

$$f_r = 1.87 f_{sp}^{0.87} \tag{8.4.2-1}$$

$$f_{sp} = \bar{f}_{sp} - 1.04 s_{sp} \tag{8.4.2-2}$$

上述式中：f_r——旧混凝土面层的弯拉强度标准值（MPa）；

f_{sp}——旧混凝土面层的劈裂强度标准值（MPa）；

$\bar{f}_{sp}$——旧混凝土面层的劈裂强度测定值的均值（MPa）；

s_{sp}——旧混凝土面层的劈裂强度测定值的标准差（MPa）。

8.4.3 旧混凝土面层的弯拉弹性模量标准值可按式（8.4.3）计算确定。

$$E_c = \frac{10^4}{0.09 + \dfrac{0.96}{f_r}} \tag{8.4.3}$$

式中：E_c——旧混凝土面层的弯拉弹性模量标准值（MPa）；

f_r——旧混凝土面层的弯拉强度标准值（MPa）。

8.4.4 旧混凝土路面基层顶面的当量回弹模量标准值，宜采用落锤式弯沉仪（设计荷载 100kN、承载板半径 150mm）量测板中荷载作用下的弯沉曲线，按式（8.4.4-1）和式（8.4.4-2）确定。

$$E_t = 100 e^{3.60 + 24.03 w_0^{-0.057} - 15.63 \mathrm{SI}^{0.222}} \tag{8.4.4-1}$$

$$\mathrm{SI} = \frac{w_0 + w_{300} + w_{600} + w_{900}}{w_0} \tag{8.4.4-2}$$

上述式中：E_t——基层顶面的当量回弹模量标准值（MPa）；

SI——路面结构的荷载扩散系数；

w_0——荷载中心处的弯沉值（μm）；

w_{300}、w_{600}、w_{900}——分别为距离荷载中心 300mm、600mm 和 900mm 处的弯沉值（μm）。

当采用落锤式弯沉仪的条件受限时，也可选择在清除断裂混凝土板后的基层顶面进行梁式弯沉测量，而后按附录 B（式 B.2.5）反算，或者根据基层钻芯的材料组成及性能情况依经验确定。

8.5 加铺方案选择

8.5.1 根据使用要求及旧混凝土路面的综合评定结果，可选用分离式或结合式水泥混凝土加铺及沥青混凝土加铺方案，并经技术经济比较后确定。

8.5.2 当旧混凝土路面的损坏状况和接缝传荷能力评定等级为优良，面层板的平面尺寸及接缝布置合理，路拱横坡符合要求时，可采用结合式混凝土加铺方案、分离式混凝土加铺方案或沥青混凝土加铺方案。

8.5.3 当旧混凝土路面的损坏状况和接缝传荷能力评定等级为中等以上时,或者新旧混凝土板的平面尺寸不同、接缝形式或位置不对应或路拱横坡不一致时,可采用分离式混凝土加铺方案或沥青混凝土加铺方案。

8.5.4 当旧混凝土路面的损坏状况和接缝传荷能力评定等级为次等以上时,可采用沥青混凝土加铺方案。

8.5.5 加铺时必须对旧水泥混凝土路面进行处治,应更换破碎板,修补和填封裂缝,压浆填封板底脱空,磨平错台,清除旧混凝土面层表面的松散碎屑、油迹或轮胎擦痕,剔除接缝中失效的填缝料和杂物,并重新封缝。

8.5.6 加铺时,对于检测有明显板底脱空的路段,应采用压浆材料填封板底脱空,浆体材料应具备流动性好、早期强度高、无离析、无泌水、无收缩等特性。

8.5.7 当旧水泥混凝土面层损坏状况严重时,宜选用打裂压稳方案或碎石化方案处治旧混凝土路面,根据公路等级和交通状况,将处治后的旧路面用做改建路面的基层或底基层。

8.5.8 打裂压稳改建方案,打裂后应使75%以上的旧混凝土板产生不规则开裂,相邻裂缝形成的块状面积为$0.4 \sim 0.6 m^2$;碎石化改建方案,破碎后应使75%以上的旧混凝土板破碎成最大尺寸小于400mm的颗粒。

8.6 沥青加铺层结构设计

8.6.1 沥青加铺层可设单层或双层沥青面层,至少有一层采用密级配沥青混合料,可根据需要设置调平层,在路面边缘宜设置内部排水系统。

8.6.2 沥青加铺层与原水泥混凝土面板之间宜洒布改性沥青,加强层间结合,避免层间滑移。

8.6.3 应根据气温、荷载、旧混凝土路面承载能力、接缝传荷能力等合理选用下述减缓反射裂缝的措施:
1 增加沥青加铺层的厚度。
2 在加铺层沥青混合料中掺加纤维及橡胶等改性剂。
3 在旧混凝土板顶面或加铺层内设置应力吸收层、聚酯玻纤布或者土工织物夹层。

4 沥青加铺层下层采用大粒径沥青碎石。

8.6.4 沥青加铺层厚度应兼顾混合料的公称最大粒径相匹配和减缓反射裂缝的要求确定。高速公路和一级公路的最小厚度宜为100mm，其他等级公路的最小厚度宜为80mm。

8.6.5 沥青加铺层下旧混凝土板的应力分析应按附录C进行。旧混凝土板的厚度、混凝土的弯拉强度和弹性模量标准值以及基层顶面当量回弹模量标准值，应采用旧混凝土路面的实测值，按8.4节规定的方法确定。旧混凝土板的应力应满足式(3.0.4)的要求。

8.6.6 沥青混合料的组成设计应按照现行《公路沥青路面施工技术规范》(JTG F40)进行。

8.7 分离式混凝土加铺层结构设计

8.7.1 在旧混凝土面层与加铺层之间应设置隔离层。隔离层材料宜选用沥青混凝土，厚度不宜小于40mm。

8.7.2 分离式混凝土加铺层的接缝形式和位置，应按新建混凝土面层的要求布置。

8.7.3 加铺层可采用普通混凝土、钢纤维混凝土、钢筋混凝土和连续配筋混凝土。普通混凝土、钢筋混凝土和连续配筋混凝土加铺层的厚度不宜小于180mm；钢纤维混凝土加铺层的厚度不宜小于140mm。

8.7.4 加铺层和旧混凝土面层应力分析，应按分离式双层板进行，计算方法见附录B.4和B.5。旧混凝土板的厚度、混凝土的弯拉强度和弹性模量标准值以及基层顶面当量回弹模量标准值，应采用旧混凝土路面的实测值，按8.4节的规定确定。加铺层混凝土的弯拉强度标准值应符合表3.0.8的要求。加铺层的设计厚度，应按加铺层和旧混凝土板的应力均满足式(3.0.4)的要求确定。

8.8 结合式混凝土加铺层结构设计

8.8.1 宜采用铣刨、喷射高压水或钢珠、酸蚀等方法，打毛清理旧混凝土面层表面，并在清理后的表面涂敷黏结剂，使加铺层与旧混凝土面层结合成整体。

8.8.2 结合式加铺层厚度不宜小于80mm。加铺层的接缝形式和位置应与旧混凝土面层的接缝完全对应和对齐,加铺层内可不设拉杆或传力杆。

8.8.3 加铺层和旧混凝土板的应力分析,应按结合式双层板进行,计算方法见附录B.6。旧混凝土板的厚度、混凝土的弯拉强度和弹性模量标准值以及基层顶面当量回弹模量标准值,应采用旧混凝土路面的实测值,按8.4节规定的方法确定。加铺层的设计厚度,应按旧混凝土板的应力满足式(3.0.4)的要求确定。

8.9 旧沥青路面加铺水泥混凝土路面结构设计

8.9.1 旧沥青路面可采用水泥混凝土加铺层。加铺层铺筑前应对较严重的车辙、拥包进行铣刨,对坑槽和网裂较严重的路段应进行结构补强。

8.9.2 在旧沥青面层与水泥混凝土加铺层之间应设置调平层。调平层材料可选用沥青混凝土等。

8.9.3 加铺层可采用普通混凝土、钢纤维混凝土、钢筋混凝土和连续配筋混凝土。普通混凝土、钢筋混凝土和连续配筋混凝土加铺层的厚度不宜小于180mm;钢纤维混凝土加铺层的厚度不宜小于140mm。

8.9.4 旧沥青路面顶面的当量回弹模量可按附录B式(B.2.5)计算确定,并按照新建水泥混凝土路面进行加铺层设计。

8.9.5 超薄水泥混凝土加铺层的厚度宜为80~130mm,面板平面尺寸宜为2.5m×1.0m,切缝深度宜为面层板厚的1/4~1/3,缝宽宜为3~5mm,无需封缝。

附录 A 交通荷载分析

A.1 交通调查与分析

A.1.1 可利用当地交通量观测站的观测和统计资料,或者通过实地设立站点进行交通量观测和统计,获取所设计公路的初期年平均日交通量(双向)及其车辆类型组成数据,剔除 2 轴 4 轮及以下的客、货运车辆交通量,得到包括大型客车交通量在内的初期年平均日货车交通量(双向)。

A.1.2 2 轴 6 轮及以上车辆交通量的方向分配系数应根据实际调查确定,如确有困难可在 0.5~0.6 范围内选用。

A.1.3 可依据设计公路的车道数,按表 A.1.3 确定 2 轴 6 轮及以上车辆交通量的车道分配系数。

表 A.1.3 2 轴 6 轮及以上车辆交通量的车道分配系数

单向车道数		1	2	3	≥4
车道分配系数	高速公路	—	0.70~0.85	0.45~0.60	0.40~0.50
	其他等级公路*	1.00	0.50~0.75	0.50~0.75	—

注:* 交通受非机动车和行人影响较严重的取低限,反之取高限。

初期年平均日货车交通量(双向)乘以方向分配系数和车道分配系数,即为设计车道的年平均日货车交通量(ADTT)。

A.1.4 可依据公路等级、功能及所在地区的经济和交通运输发展情况,通过调查分析,预估设计基准期内的货车交通量增长趋势,确定设计基准期内货车交通量的年平均增长率。

A.2 轴载调查与分析

A.2.1 可通过实地设立站点进行各类车辆的轴型调查和轴重测定,或者利用该地区或相似类型公路已有称重站的车型、轴型和轴重测定统计资料,获取设计公路的车辆类型、轴型和轴重组成数据,以及最重轴载和货车中占主要份额特重车型轴载。

A.2.2 各类车辆按轴型称重和统计时,可采用以轴型为基础的轴载当量换算系数法计算分析设计车道使用初期的设计轴载日作用次数。随机统计3 000辆2轴6轮及以上车辆中单轴、双联轴和三联轴等不同轴型出现的单轴次数,并分别称取其单轴轴重。可按单轴轴重级位统计整理后得到轴载谱,并按式(A.2.2-1)计算确定不同轴重级位的设计轴载当量换算系数。

$$k_{p,i} = \left(\frac{P_i}{P_s}\right)^{16} \quad (A.2.2\text{-}1)$$

式中:$k_{p,i}$——不同单轴轴重级位i的设计轴载当量换算系数;
P_i——单轴级位i的轴重(kN);
P_s——设计轴载的轴重(kN)。

依据单轴轴载谱和相应的设计轴载当量换算系数,可按式(A.2.2-2)计算得到设计车道使用初期的设计轴载日作用次数。

$$N_s = \text{ADTT} \frac{n}{3\,000} \sum_i (k_{p,i} \times p_i) \quad (A.2.2\text{-}2)$$

式中:N_s——设计车道的设计轴载日作用次数[轴次/(车道·日)];
ADTT——设计车道的年平均日货车交通量[辆/(车道·日)];
n——随机调查3 000辆2轴6轮及以上车辆中出现的单轴总轴数;
p_i——单轴轴重级位i的频率(以分数计)。

A.2.3 以车辆类型为基础进行各种轴型的轴载称重和统计时,可采用车辆当量轴载系数法计算分析设计车道使用初期的设计轴载日作用次数。

可将2轴6轮及以上车辆分为整车、半挂和多挂3大类,每类车再按轴数细分,分别按车型称重后得到单轴轴载谱。可由式(A.2.2-1)和式(A.2.3-1)计算得到各类车辆的设计轴载当量换算系数。

$$k_{p,k} = \sum_i k_{p,i} p_i \quad (A.2.3\text{-}1)$$

式中:$k_{p,k}$——k类车辆的设计轴载当量换算系数;
p_i——k类车辆单轴轴重级位i的频率(以分数计)。

依据调查所得的车辆类型组成数据,可按式(A.2.3-2)计算确定设计车道使用初期的设计轴载日作用次数。

$$N_s = \text{ADTT} \times \sum_k (k_{p,k} \times p_k) \quad (A.2.3\text{-}2)$$

式中:p_k——k类车辆的组成比例(以分数计)。

A.2.4 设计基准期内水泥混凝土路面设计车道临界荷位处所承受的设计轴载累计作用次数,应按式(A.2.4)计算确定。

$$N_e = \frac{N_s \times [(1+g_r)^t - 1] \times 365}{g_r} \times \eta \qquad (A.2.4)$$

式中：N_e——设计基准期内设计车道所承受的设计轴载累计次数（轴次/车道）；

t——设计基准期（a）；

g_r——基准期内货车交通量的年平均增长率（以分数计）；

η——临界荷位处的车辆轮迹横向分布系数，按表 A.2.4 选用。

A.2.4 车辆轮迹横向分布系数

公 路 等 级		纵缝边缘处
高速公路、一级公路、收费站		0.17~0.22
二级及二级以下公路	行车道宽>7m	0.34~0.39
	行车道宽≤7m	0.54~0.62

注：车道、行车道较窄或者交通量较大时，取高值；反之，取低值。

附录 B 混凝土板应力分析及厚度计算

B.1 力学模型

B.1.1 按基层和面层类型和组合的不同，路面结构分析可分别采用下述力学模型：

1 弹性地基单层板模型——适用于粒料基层上混凝土面层，旧沥青路面加铺混凝土面层；面层板底面以下部分按弹性地基处理。

2 弹性地基双层板模型——适用于无机结合料类基层或沥青类基层上混凝土面层，旧混凝土路面上加铺分离式混凝土面层；面层和基层或者新旧面层作为双层板，基层底面以下或者旧面层底面以下部分按弹性地基处理。

3 复合板模型——适用于两层不同性能材料组成的面层或基层复合板。旧混凝土路面上加铺结合式混凝土面层，两层不同性能材料组成的层间黏结的面层，作为弹性地基上的单层板或者弹性地基上双层板的上层板；无机结合料类基层或沥青类基层与无机结合料类底基层组成的基层，作为弹性地基上双层板的下层板。

B.1.2 混凝土面层板的临界荷位位于纵缝边缘中部。基层板的临界荷位与面层板相同。

B.2 弹性地基单层板荷载应力

B.2.1 设计轴载在面层板临界荷位处产生的荷载疲劳应力应按式（B.2.1）确定。

$$\sigma_{pr} = k_r k_f k_c \sigma_{ps} \quad (B.2.1)$$

式中：σ_{pr}——设计轴载在面层板临界荷位处产生的荷载疲劳应力（MPa）；

σ_{ps}——设计轴载在四边自由板临界荷位处产生的荷载应力（MPa），按 B.2.2 条确定；

k_r——考虑接缝传荷能力的应力折减系数，采用混凝土路肩时，$k_r = 0.87 \sim 0.92$（路肩面层与路面面层等厚时取低值，减薄时取高值）；采用柔性路肩或土路肩时，$k_r = 1$；

k_f——考虑设计基准期内荷载应力累计疲劳作用的疲劳应力系数，按 B.2.3 条确定；

k_c——考虑计算理论与实际差异以及动载等因素影响的综合系数，按公路等级查表 B.2.1 确定。

表 B.2.1　综合系数 k_c

公路等级	高速公路	一级公路	二级公路	三、四级公路
k_c	1.15	1.10	1.05	1.00

B.2.2 设计轴载在四边自由板临界荷位处产生的荷载应力 σ_{ps} 应按式（B.2.2-1）计算。

$$\sigma_{ps} = 1.47 \times 10^{-3} r^{0.70} h_c^{-2} P_s^{0.94} \quad (B.2.2\text{-}1)$$

$$r = 1.21(D_c/E_t)^{1/3} \quad (B.2.2\text{-}2)$$

$$D_c = \frac{E_c h_c^3}{12(1-\nu_c^2)} \quad (B.2.2\text{-}3)$$

上述式中：P_s——设计轴载的单轴重（kN）；

　　h_c、E_c、ν_c——混凝土面层板的厚度（m）、弯拉弹性模量（MPa）和泊松比；

　　r——混凝土面层板的相对刚度半径（m），按式（B.2.2-2）计算；

　　D_c——混凝土面层板的截面弯曲刚度（MN·m），按式（B.2.2-3）计算；

　　E_t——板底地基当量回弹模量（MPa），新建公路按 B.2.4 条确定，旧柔性路面上加铺混凝土面层按 B.2.5 条确定。

B.2.3 设计基准期内的荷载疲劳应力系数 k_f 应按式（B.2.3-1）计算。

$$k_f = N_e^\lambda \quad (B.2.3\text{-}1)$$

式中：N_e——设计基准期内设计轴载累计作用次数，按附录 A 式（A.2.4）计算；

　　λ——材料疲劳指数，普通混凝土、钢筋混凝土、连续配筋混凝土，$\lambda = 0.057$；碾压混凝土和贫混凝土，$\lambda = 0.065$；钢纤维混凝土，按式（B.2.3-2）计算；

$$\lambda = 0.053 - 0.017\rho_f \frac{l_f}{d_f} \quad (B.2.3\text{-}2)$$

　　ρ_f——钢纤维的体积率（%）；

　　l_f——钢纤维的长度（mm）；

　　d_f——钢纤维的直径（mm）。

B.2.4 新建公路的板底地基当量回弹模量 E_t 应按式（B.2.4-1）计算。

$$E_t = \left(\frac{E_x}{E_0}\right)^\alpha E_0 \quad (B.2.4\text{-}1)$$

$$\alpha = 0.86 + 0.26\ln h_x \quad (B.2.4\text{-}2)$$

$$E_x = \sum_{i=1}^n (h_i^2 E_i) / \sum_{i=1}^n h_i^2 \quad (B.2.4\text{-}3)$$

$$h_x = \sum_{i=1}^n h_i \quad (B.2.4\text{-}4)$$

上述式中：E_0——路床顶综合回弹模量（MPa）；

　　　　　α——与粒料层总厚度 h_x 有关的回归系数，按式（B.2.4-2）计算；

　　　　　E_x——粒料层的当量回弹模量（MPa），按式（B.2.4-3）计算；

　　　　　h_x——粒料层的总厚度（m），按式（B.2.4-4）计算；

　　　　　n——粒料层的层数；

　　　　　E_i、h_i——第 i 结构层的回弹模量（MPa）与厚度（m）。

B.2.5 在旧沥青混凝土路面上铺筑水泥混凝土面层时，原沥青混凝土路面顶面的地基综合当量回弹模量 E_t 可根据落锤式弯沉仪（荷载50kN、承载板半径150mm）的中心点弯沉的测定结果应按式（B.2.5-1），或根据贝克曼梁（后轴重100kN的车辆）的弯沉测定结果，按式（B.2.5-2）计算确定。

$$E_t = 18\,621/w_0 \quad (B.2.5\text{-}1)$$

$$E_t = 13\,739 w_0^{-1.04} \quad (B.2.5\text{-}2)$$

$$w_0 = \bar{w} + 1.04 s_w \quad (B.2.5\text{-}3)$$

上述式中：w_0——路段代表弯沉值（0.01mm），按式（B.2.5-3）计算；

　　　　　$\bar{w}$——路段弯沉平均值（0.01mm）；

　　　　　s_w——路段弯沉的标准差（0.01mm）。

B.2.6 最重轴载在面层板临界荷位处产生的最大荷载应力，应按式（B.2.6）计算。

$$\sigma_{p,\max} = k_r k_c \sigma_{pm} \quad (B.2.6)$$

式中：$\sigma_{p,\max}$——最重轴载 P_m 在面层板临界荷位处产生的最大荷载应力（MPa）；

　　　σ_{pm}——最重轴载 P_m 在四边自由板临界荷位处产生的最大荷载应力（MPa），按式（B.2.2-1）计算，式中的设计轴载 P_s 改为最重轴载 P_m（以单轴计，kN）。

B.3 弹性地基单层板温度应力

B.3.1 在面层板临界荷位处产生的温度疲劳应力应按式（B.3.1）计算。

$$\sigma_{tr} = k_t \sigma_{t,\max} \quad (B.3.1)$$

式中：σ_{tr}——面层板临界荷位处的温度疲劳应力（MPa）；

　　　$\sigma_{t,\max}$——最大温度梯度时面层板产生的最大温度应力（MPa），按B.3.2条确定；

　　　k_t——考虑温度应力累计疲劳作用的温度疲劳应力系数，按B.3.4条确定。

B.3.2 最大温度梯度时混凝土面层板最大温度应力 $\sigma_{t,\max}$ 应按式（B.3.2）计算。

$$\sigma_{t,\max} = \frac{\alpha_c E_c h_c T_g}{2} B_L \quad (B.3.2)$$

式中：α_c——混凝土的线膨胀系数，根据粗集料的岩性按表E.0.3-2取用；

　　　T_g——公路所在地50年一遇的最大温度梯度，查表3.0.10取用；

B_L——综合温度翘曲应力和内应力的温度应力系数,按 B.3.3 条确定。

B.3.3 综合温度翘曲应力和内应力的温度应力系数 B_L 应按式(B.3.3-1)计算。

$$B_L = 1.77e^{-4.48h_c}C_L - 0.131(1 - C_L) \quad (B.3.3-1)$$

$$C_L = 1 - \frac{\sinh t \cos t + \cosh t \sin t}{\cos t \sin t + \sinh t \cosh t} \quad (B.3.3-2)$$

$$t = \frac{L}{3r} \quad (B.3.3-3)$$

上述式中:C_L——混凝土面层板的温度翘曲应力系数,按式(B.3.3-2)计算;
L——面层板的横缝间距,即板长(m);
r——面层板的相对刚度半径(m)。

B.3.4 温度疲劳应力系数 k_t 应按式(B.3.4)计算。

$$k_t = \frac{f_r}{\sigma_{t,\max}}\left[a_t\left(\frac{\sigma_{t,\max}}{f_r}\right)^{b_t} - c_t\right] \quad (B.3.4)$$

式中:a_t、b_t 和 c_t——回归系数,按所在地区的公路自然区划查表 B.3.4 确定。

表 B.3.4 回归系数 a_t、b_t 和 c_t

系 数	公路自然区划					
	II	III	IV	V	VI	VII
a_t	0.828	0.855	0.841	0.871	0.837	0.834
b_t	1.323	1.355	1.323	1.287	1.382	1.270
c_t	0.041	0.041	0.058	0.071	0.038	0.052

B.4 弹性地基双层板荷载应力

B.4.1 面层板或上面层板的荷载疲劳应力 σ_{pr} 应按式(B.2.1)计算。其中,荷载疲劳应力系数 k_f、应力折减系数 k_r 和综合系数 k_c 的确定方法,与单层板的相同;设计轴载 P_s 在上层板临界荷位处产生的荷载应力 σ_{ps} 应按式(B.4.1-1)确定。

$$\sigma_{ps} = \frac{1.45 \times 10^{-3}}{1 + D_b/D_c} r_g^{0.65} h_c^{-2} P_s^{0.94} \quad (B.4.1-1)$$

$$D_b = \frac{E_b h_b^3}{12(1 - \nu_b^2)} \quad (B.4.1-2)$$

$$r_g = 1.21[(D_c + D_b)/E_t]^{1/3} \quad (B.4.1-3)$$

上述式中：D_b——下层板的截面弯曲刚度（MN·m），按式（B.4.1-2）计算；
h_b、E_b、ν_b——下层板的厚度（m）、弯拉弹性模量（MPa）和泊松比；
r_g——双层板的总相对刚度半径（m），按式（B.4.1-3）计算；
h_c、D_c——上层板的厚度（m）和截面弯曲刚度（MN·m），按式（B.2.2-3）计算。

B.4.2 贫混凝土或碾压混凝土基层板或者下面层板的荷载疲劳应力，应按式（B.4.2-1）计算。其中，疲劳应力系数 k_f 和综合系数 k_c 的确定方法与单层板的确定方法相同；设计轴载 P_s 在下层板临界荷位处产生的荷载应力应按式（B.4.2-2）计算。

$$\sigma_{bpr} = k_f k_c \sigma_{bps} \tag{B.4.2-1}$$

$$\sigma_{bps} = \frac{1.41 \times 10^{-3}}{1 + D_c/D_b} r_g^{0.68} h_b^{-2} P_s^{0.94} \tag{B.4.2-2}$$

上述式中：σ_{bpr}——下层板的荷载疲劳应力（MPa）；
σ_{bps}——设计轴载 P_s 在下层板临界荷位处产生的荷载应力（MPa）。

B.4.3 最重轴载在上层板临界荷位处产生的最大荷载应力应按式（B.2.6）计算。其中，应力折减系数 k_r 和综合系数 k_c 应按 B.2.1 条确定；最重轴载在四边自由板临界荷位处产生的最大荷载应力应按式（B.4.1-1）计算，式中的设计轴载 P_s 改为最重轴载 P_m（以单轴计，kN）。

B.5 弹性地基双层板温度应力

B.5.1 上层板的温度疲劳应力 σ_{tr}、最大温度翘曲应力 $\sigma_{t,max}$、综合温度翘曲应力和内应力作用的温度应力系数 B_L 的计算式与单层板的相同，应分别按式（B.3.1）、式（B.3.2）、式（B.3.3-1）计算，式（B.3.3-1）中的温度翘曲应力系数 C_L 应按 B.5.2 条确定。下层板的温度疲劳应力不需计算分析。

B.5.2 上层板的温度翘曲应力系数 C_L 应按式（B.5.2-1）计算。

$$C_L = 1 - \left(\frac{1}{1+\xi}\right)\frac{\sinh t \cos t + \cosh t \sin t}{\cos t \sin t + \sinh t \cosh t} \tag{B.5.2-1}$$

$$t = \frac{L}{3r_g} \tag{B.5.2-2}$$

$$\xi = -\frac{(k_n r_g^4 - D_c) r_\beta^3}{(k_n r_\beta^4 - D_c) r_g^3} \tag{B.5.2-3}$$

$$r_\beta = \left[\frac{D_c D_b}{(D_c + D_b) k_n}\right]^{\frac{1}{4}} \tag{B.5.2-4}$$

$$k_n = \frac{1}{2}\left(\frac{h_c}{E_c} + \frac{h_b}{E_b}\right)^{-1} \quad (B.5.2\text{-}5)$$

上述式中：ξ——与双层板结构有关的参数，按式（B.5.2-3）计算；

r_β——层间接触状况参数（m），按式（B.5.2-4）计算；

k_n——面层与基层之间竖向接触刚度，上下层之间不设沥青混凝土夹层或隔离层时按式（B.5.2-5）计算，设沥青混凝土夹层或隔离层时，k_n 取 3 000 MPa/m。

B.6 复合板应力

B.6.1 面层复合板的荷载疲劳应力和最大荷载应力计算，与单层板或上层板完全相同，只需用面层复合板的截面弯曲刚度 $\widetilde{D}_c$ 和等效厚度 $\widetilde{h}_c$ 替代单层板或上层板的弯曲刚度 D_c 和厚度 h_c 即可，板相对刚度半径 r 或 r_g 应依据面层复合板弯曲刚度 $\widetilde{D}_c$ 重新计算。面层复合板弯曲刚度 $\widetilde{D}_c$ 应按式（B.6.1-1）计算，等效厚度 $\widetilde{h}_c$ 应按（B.6.1-2）计算。

$$\widetilde{D}_c = \frac{E_{c1} h_{c1}^3 + E_{c2} h_{c2}^3}{12(1-\nu_{c2}^2)} + \frac{(h_{c1}+h_{c2})^2}{4(1-\nu_{c2}^2)}\left(\frac{1}{E_{c1}h_{c1}} + \frac{1}{E_{c2}h_{c2}}\right)^{-1} \quad (B.6.1\text{-}1)$$

$$\widetilde{h}_c = 2.42\sqrt{\frac{\widetilde{D}_c}{E_{c2} d_x}} \quad (B.6.1\text{-}2)$$

$$d_x = \frac{1}{2}\left[h_{c2} + \frac{E_{c1}h_{c1}(h_{c1}+h_{c2})}{E_{c1}h_{c1}+E_{c2}h_{c2}}\right] \quad (B.6.1\text{-}3)$$

上述式中：E_{c1}、h_{c1}——面层复合板上层的弯拉弹性模量（MPa）和厚度（m）；

E_{c2}、ν_{c2}、h_{c2}——面层复合板下层的弯拉弹性模量（MPa）、泊松比和厚度（m）；

d_x——面层复合板中性轴至下层底部的距离（m），按式（B.6.1-3）计算。

B.6.2 面层复合板的疲劳温度应力计算和疲劳温度应力系数与单层板相同。最大温度应力 $\sigma_{t,\max}$ 应按式（B.6.2-1）计算。

$$\sigma_{t,\max} = \frac{\alpha_c T_g E_{c2}(h_{c1}+h_{c2})}{2} B_L \zeta \quad (B.6.2\text{-}1)$$

$$\zeta = 1.77 - 0.27\ln\left(\frac{h_{c1}E_{c1}}{h_{c2}E_{c2}} + 18\frac{E_{c1}}{E_{c2}} - 2\frac{h_{c1}}{h_{c2}}\right) \quad (B.6.2\text{-}2)$$

上述式中：B_L——面层复合板的温度应力系数，按式（B.3.3-1）计算，其中，面层板厚度 h_c 取面层复合板的总厚度（$h_{c1}+h_{c2}$），式（B.3.3-1）中温度翘曲应力系数 C_L，单层板时按式（B.3.3-2）计算，双层板时按 B.5.2 条确定；

ζ——面层复合板的最大温度应力修正系数，按式（B.6.2-2）计算。

B.6.3 基层复合板的弯曲刚度应按(B.6.3-1)计算。以此弯曲刚度替代B.4.1条和B.5.2条中的弯曲刚度,计算双层板的荷载应力和温度应力。

$$D_{b0} = D_{b1} + D_{b2} \quad (B.6.3\text{-}1)$$

$$\sigma_{bpr} = \frac{\tilde{\sigma}_{bpr}}{1 + D_{b2}/D_{b1}} \quad (B.6.3\text{-}2)$$

上述式中:D_{b0}——基层复合板的弯曲刚度(MN·m);

D_{b1}、D_{b2}——基层和底基层的弯曲刚度(MN·m),分别按基层和底基层的厚度h_{b1}和h_{b2}以及弹性模量E_{b1}和E_{b2},由式(B.4.1-2)计算得到;

$\tilde{\sigma}_{bpr}$——按式(B.4.2-2)计算得到的基层复合板的名义荷载应力,其中,以基层厚度h_{b1}替代式中基层厚度h_b,以复合板弯曲刚度D_{b0}替代式中基层板弯曲刚度D_b。

B.6.4 基层为贫混凝土或碾压混凝土时,复合板中基层的荷载疲劳应力σ_{bpr}应按式(B.6.3-2)计算。其他类型基层不需进行荷载疲劳应力计算。

B.7 混凝土板厚度计算流程

1 按第4章进行行车道路面结构的组合设计,初拟路面结构,包括路床、垫层、基层和面层的材料类型和厚度,并按第4章条文说明表4-3所列的水泥混凝土面层厚度建议范围,依据交通等级、公路等级和所选变异水平等级初选混凝土板厚度。

2 按照初拟路面结构的组合情况,选择相应的结构分析模型。

3 参照图B.7所示的混凝土路面板厚度计算流程,分别计算混凝土面层板(单层板或双层板的面层板)的最重轴载产生的最大荷载应力、设计轴载产生的荷载疲劳应力、最大温度梯度产生的最大温度应力及温度疲劳应力。

4 当荷载疲劳应力与温度疲劳应力之和与可靠度系数的乘积,小于且接近于混凝土弯拉强度标准值,同时,最大荷载应力与最大温度应力之和与可靠度系数的乘积,小于混凝土弯拉强度标准值,即满足式(3.0.4-1)和式(3.0.4-2)时,初选厚度可作为混凝土板的计算厚度。

5 贫混凝土或碾压混凝土基层或者双层板的下面层板,需计算其荷载疲劳应力,并检算荷载疲劳应力与可靠度系数的乘积是否小于其材料的弯拉强度标准值,即应满足式(3.0.5)。

6 若不能同时满足式(3.0.4)及式(3.0.5),则应改选混凝土面层板厚度或(和)调整基层类型或(和)厚度,重新计算,直到同时满足式(3.0.4)及式(3.0.5)。

7 计算厚度加6mm磨损厚度后,应按10mm向上取整,作为混凝土面层的设计厚度。

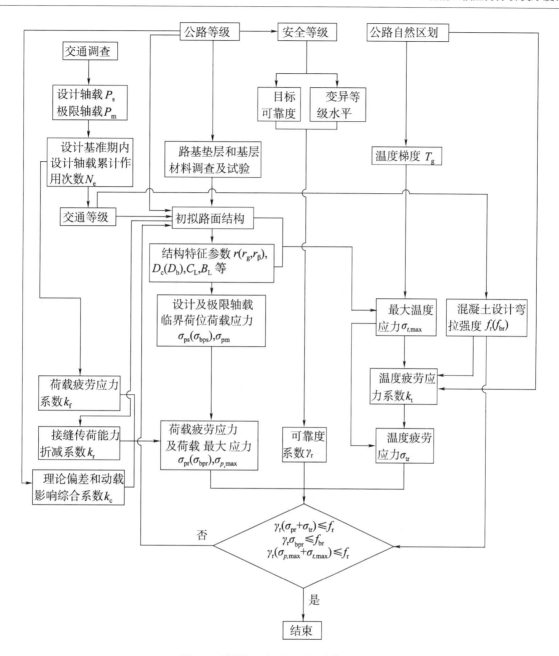

图 B.7 混凝土路面板厚度计算流程图

附录 C 有沥青上面层的混凝土板应力分析

C.1 荷载应力分析

C.1.1 有沥青上面层的混凝土板的临界荷位,为板的纵向边缘中部。设计轴载 P_s 在临界荷位处产生的荷载疲劳应力 σ_{pr},应按式(B.2.1)计算确定。其中,应力折减系数、荷载疲劳应力系数和综合系数的确定方法,与无沥青上面层时完全相同。

C.1.2 设计轴载 P_s 和最重轴载 P_m 在有沥青上面层的混凝土板临界荷位处产生的荷载应力和最大荷载应力应分别按式(C.1.2-1)和式(C.1.2-2)计算。

$$\sigma_{psa} = (1 - \zeta_a h_a)\sigma_{ps} \quad (C.1.2\text{-}1)$$

$$\sigma_{pma} = (1 - \zeta_a h_a)\sigma_{p,\max} \quad (C.1.2\text{-}2)$$

上述式中:σ_{psa}——设计轴载 P_s 在有沥青上面层的混凝土板临界荷位处产生的荷载应力(MPa);

σ_{pma}——最重轴载 P_m 在有沥青上面层的混凝土板临界荷位处产生的最大荷载应力(MPa);

ζ_a——系数,可由图 C.1.2 查取;

h_a——沥青上面层厚度(m);

σ_{ps}——设计轴载 P_s 在无沥青上面层的混凝土板临界荷位处产生的荷载应力(MPa),按式(B.2.2-1)计算;

$\sigma_{p,\max}$——最重轴载 P_m 在无沥青上面层的混凝土板临界荷位处产生的最大荷载应力(MPa),按式(B.2.6)计算。

C.2 温度应力分析

C.2.1 有沥青上面层的混凝土板临界荷位处温度疲劳应力和最大温度梯度时混凝土板最大温度应力应分别按式(C.2.1-1)和式(C.2.1-2)确定。

$$\sigma_{tra} = (1 + \zeta'_a h_a)\sigma_{tr} \quad (C.2.1\text{-}1)$$

$$\sigma_{tma} = (1 + \zeta'_a h_a)\sigma_{t,\max} \quad (C.2.1\text{-}2)$$

上述式中:σ_{tra}——有沥青上面层的混凝土板临界荷位处温度疲劳应力(MPa);

σ_{tma}——有沥青上面层的混凝土板临界荷位处在最大温度梯度时的温度应力(MPa);

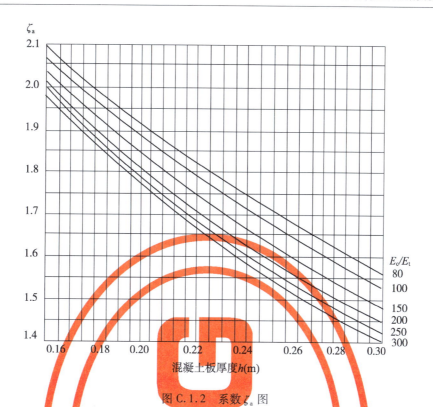

图 C.1.2　系数 ζ_a 图

ζ'_a ——系数，可由图 C.2.1 查取；

σ_{tr} ——无沥青上面层的混凝土板在临界荷位处的温度疲劳应力（MPa），按式（B.3.1）计算确定；其中，计算混凝土板最大温度翘曲应力 $\sigma_{t,max}$ 时，其最大温度梯度 T_g 值（表 3.0.10）乘以考虑沥青上面层厚度影响的修正系数 ξ_t，其数值见表 C.2.1；

$\sigma_{t,max}$ ——最大温度梯度在无沥青上面层的混凝土板临界荷位处产生的最大温度应力（MPa），按式（B.3.2）计算。

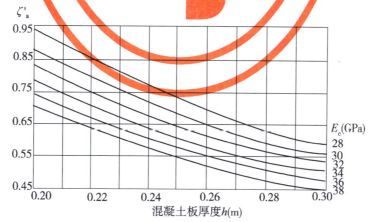

图 C.2.1　系数 ζ'_a 图

表 C.2.1　有沥青上面层的混凝土板的温度梯度修正系数 ξ_t

h_a(m)	0.02	0.04	0.06	0.08	0.10	0.12	0.14	0.16	0.18	0.20
温度梯度修正系数 ξ_t	1.13	0.96	0.82	0.70	0.59	0.51	0.43	0.37	0.31	0.27

附录 D 连续配筋混凝土面层纵向配筋计算

D.0.1 横向裂缝平均间距应按式（D.0.1-1）计算确定。

$$L_\mathrm{d} = \frac{f_\mathrm{t} - C\sigma_0\left(1 - \dfrac{2\zeta}{h_\mathrm{c}}\right)}{\dfrac{\mu\gamma_\mathrm{c}}{2} + \dfrac{\sigma_\mathrm{cg}\rho}{c_1 d_\mathrm{s}}} \tag{D.0.1-1}$$

$$\sigma_0 = \frac{E_\mathrm{c}\varepsilon_\mathrm{td}}{2(1-\nu_\mathrm{c})} \tag{D.0.1-2}$$

$$\varepsilon_\mathrm{td} = \alpha_\mathrm{c} h_\mathrm{c} \beta_\mathrm{h} T_\mathrm{g} + \varepsilon_\infty (0.245 e^{-5.3 k_1 h_\mathrm{c}}) \tag{D.0.1-3}$$

$$\beta_\mathrm{h} = 4.81 h_\mathrm{c}^2 - 5.42 h_\mathrm{c} + 1.96 \tag{D.0.1-4}$$

$$\varepsilon_\infty = a_1 (1.51 \times 10^{-4} w_0^{2.1} f_\mathrm{c}^{-0.28} + 270) \times 10^{-6} \tag{D.0.1-5}$$

$$\sigma_\mathrm{cg} = 0.234 f_\mathrm{c} \tag{D.0.1-6}$$

$$c_1 = 0.577 - 9.50 \times 10^{-9} \frac{\ln\varepsilon_{\mathrm{t}\zeta}}{\varepsilon_{\mathrm{t}\zeta}^2} + 0.198 L_\mathrm{d} \times (\ln L_\mathrm{d} + 3.67) \tag{D.0.1-7}$$

$$\varepsilon_{\mathrm{t}\zeta} = \alpha_\mathrm{c} \Delta T_\zeta + \varepsilon_\mathrm{sh} \tag{D.0.1-8}$$

$$\varepsilon_\mathrm{sh} = \varepsilon_\infty (1 - \varphi_\mathrm{a}^3) \tag{D.0.1-9}$$

上述式中：L_d——横向裂缝平均间距（m）；

f_t——混凝土抗拉强度（MPa），可按表 E.0.3-1 选用；

f_c——混凝土抗压强度（MPa），可按表 E.0.3-1 选用；

ζ——钢筋埋置深度（m）；

h_c——混凝土面层厚度（m）；

γ_c——混凝土重度（kN/m³），一般可取为 24kN/m³；

μ——混凝土面层与基层间的摩阻系数，可按表 E.0.3-3 选用；

d_s——纵向钢筋直径（m）；

ρ——纵向钢筋配筋率，为钢筋横断面面积 A_s 与混凝土横断面面积 A_c 的比值；

σ_0——温度和湿度变形完全受约束时的翘曲应力，按式（D.0.1-2）计算；

E_c——混凝土弹性模量（MPa），可按表 E.0.3-1 选用；

ν_c——混凝土泊松比，一般可取为 0.15～0.18；

ε_td——无约束时混凝土面层顶面与底面间的最大当量应变差，按式（D.0.1-3）计算；

α_c——混凝土线膨胀系数(1/℃),可按表 E.0.3-2 选用;

T_g——混凝土面层顶面与底面间的最大负温度梯度的绝对值(℃/m),可参照该地区最大正温度梯度(查表 3.0.10)的 1/4~1/3 取用;

β_h——混凝土面层厚度不等于 0.22m 时的温度梯度厚度修正系数,按式(D.0.1-4)计算;

ε_∞——无约束条件下混凝土的最大干缩应变,可近似按式(D.0.1-5)计算;

a_1——养生条件系数,水中或盖麻布养生时,a_1 = 1.0;采用养生剂养生时,a_1 = 1.2;

w_0——混凝土单位用水量(N/m^3);

k_1——与气候区和最小空气湿度有关的系数,道路位于公路自然区划 Ⅱ、Ⅳ 和 Ⅴ 区,k_1 = 0.4;位于 Ⅲ、Ⅵ 和 Ⅶ 区,k_1 = 0.68;

C——翘曲应力系数,按附录 B 式(B.3.3-2)计算,采用 $t = 1.29/r$ 计算确定;

r——面层板的相对刚度半径(m);

σ_{cg}——混凝土与钢筋间的最大黏结应力,可近似按式(D.0.1-6)计算;

c_1——混凝土和钢筋之间的黏结—滑移系数,按式(D.0.1-7)计算,由于式中含有未知量 L_d,计算需采用迭代方式进行,先假设 $L_d = L_{ds}$,计算出 c_1 和相应的 L_d,如果 $|L_d - L_{ds}| < 0.005$,计算结束;否则,令 $L_{ds} = L_d$,重复计算,直到满足要求为止;

$\varepsilon_{t\zeta}$——钢筋埋置深度处的混凝土最大总应变,按式(D.0.1-8)计算;

ΔT_ζ——钢筋埋置深度处混凝土温度与硬化时温度的最大温差(℃),可近似取为路面施工月份日最高气温的月平均值与一年中最冷月份日最低气温的月平均值之差;

ε_{sh}——无约束条件下钢筋埋置深度处混凝土干缩应变,可近似按式(D.0.1-9)计算;

φ_a——年平均空气相对湿度(%)。

D.0.2 纵向钢筋埋置深度处的横向裂缝缝隙平均宽度应按式(D.0.2-1)计算确定。

$$b_j = 1\,000 L_d \left(\varepsilon_{sh} + \alpha_c \Delta T_\zeta - \frac{c_2 f_t}{E_c} \right) \quad (\text{D.0.2-1})$$

$$c_2 = a + \frac{b}{17\,000 f_c} + 6.45 \times 10^{-4} \frac{c}{L_d^2} \quad (\text{D.0.2-2})$$

$$a = 0.761 + 1\,770 \varepsilon_{t\zeta} - 2 \times 10^6 \varepsilon_{t\zeta}^2 \quad (\text{D.0.2-3})$$

$$b = 9 \times 10^8 \varepsilon_{t\zeta} + 149\,000 \quad (\text{D.0.2-4})$$

$$c = 3 \times 10^9 \varepsilon_{t\zeta}^2 - 5 \times 10^6 \varepsilon_{t\zeta} + 2\,020 \quad (\text{D.0.2-5})$$

上述式中:b_j——钢筋埋置深度处的横向裂缝缝隙平均宽度(mm);

c_2——与混凝土和钢筋之间的黏结—滑移特性有关的系数,按式(D.0.2-2)计算;

其他参数的含义与计算裂缝间距时相同。

D.0.3 纵向钢筋应力应按式(D.0.3)计算确定。

$$\sigma_s = 2f_t \frac{E_s}{E_c} - E_s[\Delta T_\zeta(\alpha_c - \alpha_s) + \varepsilon_{sh}] + \frac{0.234 f_c L_d}{d_s c_1} \quad (D.0.3)$$

式中：σ_s——裂缝处纵向钢筋应力(MPa)；

　　　E_s——钢筋弹性模量(MPa)；

　　　α_s——钢筋的线膨胀系数(1/℃)，通常 $\alpha_s = 9 \times 10^{-6}$/℃；

其他参数的含义与计算裂缝间距时相同。

D.0.4 纵向配筋率计算步骤。

1 初拟配筋率 ρ，应按式(D.0.1-1)计算横向裂缝平均间距 L_d。当 $L_d > 1.8$m 时，应增大配筋率，重复上述计算至符合要求。

2 应按式(D.0.2-1)计算裂缝缝隙平均宽度 b_j。当 $b_j \leq 0.5$mm 时，满足要求；否则应增大配筋率，重复上述计算至符合要求。

3 应按式(D.0.3)计算钢筋应力 σ_s。当 σ_s 不大于钢筋屈服强度时，满足要求；否则应增大配筋率，重复上述计算至符合要求。

4 综合上述3项计算结果，最终确定配筋率，并进一步确定钢筋根数。在满足纵向钢筋间距要求的条件下，宜选用直径较小的钢筋。

附录 E 材料设计参数经验参考值

E.0.1 路基回弹模量及湿度调整系数经验参考值见表 E.0.1-1、表 E.0.1-2。

表 E.0.1-1 路基回弹模量经验参考值

土　组	取值范围(MPa)	代表值(MPa)
级配良好砾(GW)	240～290	250
级配不良砾(GP)	170～240	190
含细粒土砾(GF)	120～240	180
粉土质砾(GM)	160～270	220
黏土质砾(GC)	120～190	150
级配良好砂(SW)	120～190	150
级配不良砂(SP)	100～160	130
含细粒土砂(SF)	80～160	120
粉土质砂(SM)	120～190	150
黏土质砂(SC)	80～120	100
低液限粉土(ML)	70～110	90
低液限黏土(CL)	50～100	70
高液限粉土(MH)	30～70	50
高液限黏土(CH)	20～50	30

注：1. 对于砾和砂，D_{60}（通过率为60%时的颗粒粒径）大时，模量取高值；D_{60} 小时，模量取低值。
　2. 对于其他含细粒的土组，小于 0.075mm 颗粒含量大和塑性指数高时，模量取低值；反之，模量取高值。

表 E.0.1-2 路基回弹模量湿度调整系数

土　组	路床顶距地下水位的距离(m)					
	1.0	1.5	2.0	2.5	3.0	4.0
细粒质砾(GF) 土质砾(GM、GC)	0.81～0.88	0.86～1.00	0.91～1.00	0.96～1.00	—	—
细粒质砂(SF) 土质砂(SM、SC)	0.80～0.86	0.83～0.97	0.87～1.00	0.90～1.00	0.94～1.00	—
低液限粉土(ML)	0.71～0.74	0.75～0.81	0.78～0.89	0.82～0.97	0.86～1.00	0.94～1.00
低液限黏土(CL)	0.70～0.73	0.72～0.80	0.74～0.88	0.75～0.95	0.77～1.00	0.81～1.00
高液限粉土(MH)、高液限黏土(CH)	0.70～0.71	0.71～0.75	0.72～0.78	0.73～0.82	0.73～0.86	0.74～0.94

注：1. 小于 0.075mm 颗粒含量大和塑性指数高时，调整系数取低值；反之，调整系数取高值。
　2. 当表中调整系数最大值为 1.00 时，调整系数取高值。

E.0.2 基层和底基层材料弹性(回弹)模量经验参考值见表 E.0.2-1～表 E.0.2-3。

表 E.0.2-1 粒料类基层和底基层材料回弹模量经验参考值(MPa)

材料类型	取值范围	代表值
级配碎石(基层)	200～400	300
级配碎石(底基层)	180～250	220
未筛分碎石	180～220	200
级配砾石(基层)	150～300	250
级配砾石(底基层)	150～220	190
天然砂砾	105～135	120

表 E.0.2-2 无机结合料类基层和底基层材料弹性模量经验参考值(MPa)

材料类型	7d浸水抗压强度	试件模量	收缩开裂后模量	疲劳破坏后模量
水泥稳定类	3.0～6.0	3 000～14 000	2 000～2 500	300～500
	1.5～3.0	2 000～10 000	1 000～2 000	200～400
石灰、粉煤灰稳定类	≥0.8	3 000～14 000	2 000～2 500	300～500
	0.5～0.8	2 000～10 000	1 000～2 000	200～400
石灰稳定类	≥0.8	2 000～4 000	800～2 000	100～300
	0.5～0.8	1 000～2 000	400～1 000	50～200
开级配水泥稳定碎石(CTPB)	≥4.0	1 300～1 700		—

表 E.0.2-3 沥青结合料类基层材料动态模量经验参考值

材料类型	条件	取值范围(MPa)
沥青混凝土(AC-10)	20℃,10Hz,90A、110A, 空隙率7%,沥青用量6%	4 700～5 600
沥青混凝土(AC-16)		4 500～5 400
沥青混凝土(AC-25)		4 000～5 000
密级配沥青碎石(ATB-25)		3 500～4 200
开级配沥青稳定碎石(ATPB)	20℃,沥青用量2.5%～3.5%	600～800

E.0.3 水泥混凝土设计参数经验参考值见表 E.0.3-1～表 E.0.3-3。

表 E.0.3-1 水泥混凝土强度和弹性模量经验参考值

弯拉强度(MPa)	1.5	2.0	2.5	3.0	3.5	4.0	4.5	5.0	5.5
抗压强度(MPa)	7	11	15	20	25	30	36	42	49
抗拉强度(MPa)	0.89	1.21	1.53	1.86	2.20	2.54	2.85	3.22	3.55
弹性模量(GPa)	15	18	21	23	25	27	29	31	33

表 E.0.3-2 水泥混凝土线膨胀系数经验参考值

粗集料类型	石英岩	砂岩	砾石	花岗岩	玄武岩	石灰岩
水泥混凝土线膨胀系数(10^{-6}/℃)	12	12	11	10	9	7

表 E.0.3-3 混凝土面层与基层间摩阻系数经验参考值

基层材料	取值范围	代表值
级配碎石、级配砾石或碎砾石	0.5~4.0	2.5
沥青混凝土、沥青碎石	2.5~15	7.5
无机结合料稳定粒料	3.5~13	8.9
贫混凝土、碾压混凝土	3.0~20	8.5

注:当基层不是沥青混合料,但基层与面层间设置沥青隔层时,摩阻系数按照沥青混合料基层时选取。

E.0.4 钢筋强度和弹性模量经验参考值见表 E.0.4。

表 E.0.4 钢筋强度和弹性模量经验参考值

钢筋种类	钢筋直径 d(mm)	屈服强度 f_{sy}(MPa)	弹性模量 E_s(MPa)
HPB235	6~22	235	210 000
HPB300		300	
HRB335	6~50	335	200 000
HRB400		400	
HRB500		500	

本规范用词说明

对执行规范条文严格程度的用词,采用以下写法:
1 表示很严格,非这样做不可的用词:
 正面词采用"必须";反面词采用"严禁"。
2 表示严格,在正常情况下均应这样做的用词:
 正面词采用"应";反面词采用"不应"或"不得"。
3 表示允许稍有选择,在条件许可时首先应这样做的用词:
 正面词采用"宜";反面词采用"不宜"。
4 表示有选择,在一定条件下可以这样做的用词,采用"可"。

附件

《公路水泥混凝土路面设计规范》

（JTG D40—2011）

条 文 说 明

条文说明

1 总则

1.0.1 《公路水泥混凝土路面设计规范》(JTG D40—2002)发布实施以来,我国水泥混凝土路面建设积累了许多设计和施工的实践经验,国内外取得了不少研究成果,使水泥混凝土路面的技术水平得到了提高。为反映近年来的进展,提高水泥混凝土路面的工程质量、使用品质和设计水平,对原规范进行修订,以适应我国水泥混凝土路面建设不断发展的需要。

1.0.2 本规范主要适用于等级公路的水泥混凝土路面新建和改建设计。等外公路和各类专用公路的水泥混凝土路面新建和改建设计,可依据该公路水泥混凝土路面的使用要求和特性,参考使用。

1.0.3 我国幅员辽阔,各地区自然条件差异较大,当地材料来源和性质、施工技术水平和经验以及经济条件不尽相同。因此,水泥混凝土路面设计应依据使用任务、性质和要求,紧密结合当地的具体情况、实践经验和环保要求,通过充分分析和论证,选择经济、合理、可行的方案。

1.0.4 水泥混凝土路面设计内容由六部分组成:

1 结构组合设计——按使用要求和当地条件,选择行车道和路肩的结构层类型和层次以及各结构层的组成材料类型和厚度,并选择和布设路面表面和内部排水设施,组合成初步拟定的路面结构。

2 结构层厚度设计——通过力学计算和损坏预估分析,对初拟路面结构进行验证和修正,使之满足预定的使用性能要求,由此确定各结构层和路面结构所需的设计厚度。

3 材料组成设计——依据各结构层的功能要求和力学性质要求,选择合适的组成材料,进行混合料组成设计和性质测试。

4 接缝构造设计——确定面层板块的平面尺寸,选择和布设接缝的类型和位置,设计接缝的构造(传荷装置和填封)。

5 钢筋配置设计——确定特殊部位、钢筋混凝土面层或连续配筋混凝土面层的配筋量和钢筋布置。

6 设计方案的技术经济论证——对高等级、极重和特重交通荷载或有特定使用要求的公路混凝土路面提出的各备选设计方案,进行寿命周期费用分析,依据资金筹措情况、目标可靠度要求以及其他非经济因素,选择费用—效果最佳方案。

此外,还需进行路面表面特性设计,提供满足抗滑、耐磨或低噪声要求的路面表面的技术措施。

1.0.5 根据《公路工程结构可靠度设计统一标准》(GB/T 50283—1999)的规定,本规范采用概率极限状态设计法设计水泥混凝土路面结构,即在度量路面结构的可靠性上由定值设计方法转变为运用统计数学的方法,以反映材料和结构的变异性以及施工技术和控制水平的差异对路面使用寿命和结构层厚度要求的影响。

水泥混凝土路面的使用性能要求包含结构性要求和功能性要求两个方面。混凝土路面结构设计以满足结构性要求为主。

1.0.6 与本规范相关的标准和规范较多,如《公路工程结构可靠度设计统一标准》(GB/T 50283)、《公路自然区划标准》(JTJ 003)、《公路沥青路面设计规范》(JTG D50)、《公路排水设计规范》(JTJ 018)、《公路路基设计规范》(JTG D30)、《公路水泥混凝土路面施工技术规范》(JTG F30)、《公路路面基层施工技术规范》(JTJ 034)、《公路水泥混凝土路面养护技术规范》(JTJ 073.1)等。

2 术语和符号

2.1 术语

本节对本规范中出现的主要术语作了规定。其他有关公路工程专业性名词术语,可参阅现行《道路工程术语标准》(GBJ 124)和《公路工程名词术语》(JTJ 002)。

2.2 符号

本节所列符号为本规范中的主要符号。为便于查阅,符号按"作用及作用效应"、"设计参数和计算系数"、"几何参数"及"材料性能"等分类列出,并依先拉丁字母、后希腊字母的顺序排列。

3 设计参数

3.0.1 公路工程结构的设计安全等级,系根据结构破坏可能产生的后果的严重程度划分,一级为破坏后果很严重、二级为严重、三级为不严重。《公路工程结构可靠度设计统一标准》(GB/T 50283—1999)规定的公路工程结构的设计安全等级为三个等级,路面工程的安全等级仅考虑高速、一级和二级公路的路面,相应的安全等级规定为一级、二级和三级。本规范适用于各等级公路的水泥混凝土路面设计。为使本规范适用范围内的路面都能应用可靠度设计统一标准,本规范对《公路工程结构可靠度设计统一标准》(GB/T 50283—1999)的规定作了调整,将一级公路路面的安全等级提升为一级,二级公路路面的安全等级提升为二级,三级和四级公路路面的安全等级列为三级,并相应地调整了路面结构的目标可靠指标和目标可靠度。

考虑到公路的地位和功能,条文还规定二级及二级以下公路可根据结构破坏可能产生的很严重后果(如具有政治、经济、国防或抢险救灾等重要作用,以及危及人的生命、造成经济损失、对社会和环境产生影响等),提高一级设计安全等级。

考虑到三、四级公路的实际使用寿命及功能要求,此次修订将三级公路的设计基准期调低至15年,四级公路的设计基准期调整为10年。

目标可靠度是所设计路面结构应具有的可靠度水平。它的选取是一个工程经济问题:目标可靠度定得较高,则所设计的路面结构较厚,初期修建费用较高,但使用期间的养护费用和车辆运行费用较低;目标可靠度定得较低,初期修建费用可降低,但养护费用和车辆运行费用需提高。通常采用"校准法"来确定目标可靠度。"校准法"是对按现行设计规范或设计方法设计的已有路面进行隐含可靠度的分析,参照隐含可靠度制定目标可靠度,则所设计的路面结构接纳了以往的工程设计和使用经验,包含了与原有设计方法相等的可接受性和经济合理性。本规范的目标可靠度,是在分析了30余条已建混凝土路面的隐含可靠度,并结合国外的分析数据和沥青路面的隐含可靠度后制定的。

3.0.2 材料性能和结构尺寸参数的变异水平等级,按施工技术、施工质量控制和管理水平分为低、中、高三级。由滑模或轨道式机械化施工,并严格按规范和操作规程等进行施工质量控制和管理的工程,可选用低变异水平等级。由滑模机械化施工,但施工质量控制和管理水平较弱的工程,或者采用小型机具施工,而施工质量控制严格和管理规范的工程,可选用中低变异水平等级。采用小型机具施工,施工质量控制和管理水平较弱的工程,可选用高变异水平等级。

各变异水平等级主要设计参数的变异系数变化范围,系依据20世纪90年代在广东、浙江、安徽、河北和黑龙江等省的新建和已建混凝土路面150个代表性路段上采集的实际数据,经统计分析整理后提出的。这些路段包括高速、一级和二级公路,施工方法包括机械化和小型机具,因而,所提出的变化范围可大体上代表我国公路混凝土路面施工技术及质量控制和管理的已有(可达到)水平。

按选定的变异等级进行设计,同时设计文件也应提示施工时就应采取相应的质量控制和管理措施,以保证主要设计参数的变异系数不大于表3.0.2中相应等级的规定。

表3.0.2所列的材料性能和结构尺寸参数的变异水平等级为建议采用的,也可按施工技术、施工质量控制和管理要求达到和可能达到的具体水平,选用其他等级。降低选用的变异水平等级,需提高混凝土面层的设计厚度要求;而提高变异水平等级,则可降低混凝土面层的设计厚度或混凝土的设计强度要求。可通过技术经济分析和比较予以确定。但对于高速公路的路面,为保证优良的行驶质量,不宜采用高变异水平等级。

3.0.3 水泥混凝土路面可采用弹性层状体系或弹性地基板理论进行结构分析。考虑到混凝土面层为有限尺寸的板块,其刚度(弹性模量)远大于面层下的结构层,本规范选用弹性地基板理论。

采用弹性地基板理论,应把结构层体系分为地基和板两部分。碾压混凝土和贫混凝土基层的刚度接近于混凝土面层,与下卧的底基层和路床的刚度相差较大。将这两种基层与下卧结构层和路基组合成弹性地基,按它们的综合模量计算面层厚度,一方面会得到偏保守的计算结果,另一方面会忽视基层底面因弯拉应力超过其强度而出现开裂的可能性。将这两种基层与面层组合在一起,按分离式双层板进行结构分析,可以凸现这两种基层的力学特性,并通过调节上、下层的厚度,使上、下层板的板底应力和强度处于协调或平衡状态。

无机结合料稳定碎石基层和沥青结合料类基层的刚度,也比底基层和路床的刚度大很多。将这两种基层与下卧结构层和路基组合成弹性地基,也会使地基综合模量和面层板的应力分析结果出现较大的偏差。为此,也将这两种基层与面层组合在一起,按分离式双层板进行结构分析。

路面结构的剩余部分,即粒料类基层及各类底基层和垫层,与路基一起组合成层状弹性地基,按层状体系理论综合成当量的均质体系,以地基综合模量进行表征。

3.0.4 本规范选定的水泥混凝土结构厚度设计方法,仅考虑满足路面的结构性能要求,并以设计基准期内行车荷载和温度梯度综合作用产生的面层板疲劳断裂作为设计标准。

按荷载疲劳应力和温度梯度疲劳应力设计的面层板厚度,可以在设计基准期内经受住行车荷载(以设计轴载表征)和温度梯度的综合疲劳作用。但当轴载谱中存在一些特重的轴载时,在最重轴载和最大温度梯度的综合作用下,有可能出现超出混凝土弯拉强度的极限断裂破坏。本次规范修订增加了极限断裂破坏的验算,作为一项验核标准,便是为了控制少数超重轴载对面层板的断裂破坏作用。

路面结构可靠度可定义为,在规定的时间段内,在规定的条件下,路面结构性使用性能满足预定水平要求的概率。因而,混凝土路面结构可靠度也可定义为,在规定的设计基准期内,在规定的交通和环境条件下,行车荷载疲劳应力和温度梯度疲劳应力的总和不超过混凝土弯拉强度的概率,或者,最重轴载应力和最大温度翘曲应力的总和不超过混凝土弯拉强度的概率。据此,列出了式(3.0.4-1)和式(3.0.4-2)所示的极限状态设计表达式。

可靠度系数是目标可靠度及设计参数变异水平等级和相应的变异系数的函数。表3-1所示的可靠度系数是按各变异水平等级的变异系数变化范围(表3.0.2),应用可靠度计算式推算得到的。设计时,可依据各设计参数变异系数值在各变异水平等级变化范围内的情况选择可靠度系数。

表 3-1 可靠度系数

变异水平等级	目标可靠度(%)			
	95	90	85	80~70
低	1.20~1.33	1.09~1.16	1.04~1.08	—
中	1.33~1.50	1.16~1.23	1.08~1.13	1.04~1.07
高	—	1.23~1.33	1.13~1.18	1.07~1.11

注:变异系数接近表3.0.2下限时,可靠度系数取低值;接近上限时,取高值。

3.0.5 贫混凝土或碾压混凝土基层具有比底基层大得多的刚度,因而会产生较大的层底拉应力,需要进行应力分析,以确定合适的层厚或所需的强度。在与混凝土面层组合成分离式双层板进行结构分析时,由于基层经受的温度梯度小,相应的温度翘曲应力可以忽略不计,极限状态设计表达式中便删除了温度梯度疲劳应力部分。

3.0.6 目前,公路上的超载现象较为严重,特别是一些行驶特重轴载车辆或特种车辆的公路。由于水泥混凝土路面的疲劳损伤量对轴重很敏感(与轴重比成16次方的关系),对于特重轴载采用100kN设计轴载进行设计时,基准期内的设计轴载累计作用次数往往会达到天文数字。为了避免出现这种情况,对于极重交通等级的公路,建议选取货车中占主要份额特重车型的轴载作为设计轴载。

轴载换算公式是以等效疲劳损伤原则推导出的。对于同一个路面结构,轴载 P_i 和设计轴载 P_s 产生相同疲劳损伤时,相应的作用次数 N_i 和 N_s 之间的关系为:

$$\frac{N_i}{N_s} = \left(\frac{\sigma_{pi}}{\sigma_{ps}}\right)^{\frac{1}{\lambda}} \tag{3-1}$$

式中:σ_{pi}、σ_{ps}——相应为轴载 P_i 和设计轴载 P_s 在同一个路面结构内产生的荷载应力;

λ——材料疲劳指数,取值见附录 B.2.3 条。

以轴载与应力的关系式代入式(3-1),即可得到轴载换算公式[式(3.0.6)]。

双联轴驶过混凝土面层板时,临界荷位处会出现二次应力峰值;三联轴驶过时,则会出现三次应力峰值。由于相邻轴产生负弯矩,应力峰值要比单轴作用时小(降低10%~

14%)。邻轴的应力影响(降低)程度,与基层刚度和接缝传荷能力等因素有关,计算分析较为复杂。同时,根据轴载调查发现,多联轴各根轴之间的轴重差异较大。双联轴的前轴重与平均轴重之比平均为1.03;三联轴的前轴重与平均轴重之比平均为1.05。综合这两方面因素,为了简化计算,对多联轴的轴载换算作偏保守的处理,忽略邻轴的影响(应力降低作用),双联轴按2次单轴计,三联轴按3次单轴计,从而避免考虑多联轴的轴重不均匀问题,并可直接利用称重站的轴载数据。

3.0.7 本次规范修订将交通荷载分为5个等级。除了按设计基准期内100kN设计轴载的累计作用次数分为特重、重、中等和轻4个等级外,增加了极重级,以考虑承受特重轴载车辆或特种车辆作用(设计轴载超过100kN)时的特殊情况。

3.0.8 在可靠度设计方法中,各项设计参数通常都应选用均值作为标准值。考虑到混凝土强度值在工程中的应用习惯,本规范的强度标准值按随机变量分布函数的85%分位值取值。这一取值标准所产生的影响,已在可靠度系数的推演中考虑。

3.0.9 路基干湿类型划分,参见《公路沥青路面设计规范》(JTG D50—2006)。
季节性冰冻地区的干燥路基,由于最大冰冻深度线达不到地下水毛细润湿区,因而可以不必考虑路面结构层最小防冻厚度要求。过湿路基不符合路基的基本要求,必须进行改善处理,因而,不会出现过湿路基上最小防冻厚度要求的情况。
路基土的冻胀性分类参见4.2.5条文说明。

4 结构组合设计

4.1 组合原则和要求

4.1.1 路面结构是由多个层次组成的复合结构,各个结构层由不同类型和性质的材料组成。结构设计首先要选择层次、各层的类型和材料性质要求以及各层的厚度,组合成预期能满足使用性能要求的路面结构。选择和组合时主要考虑:

1 公路等级和交通荷载——公路等级高或交通荷载等级高的路面结构需选用较多的结构层次及较强和较厚的结构层;反之,低等级公路或轻交通荷载的路面结构可选用较少的结构层次及较弱和较薄的结构层。

2 路基条件——对于较弱的路基,应首先采取改善路基的措施,在满足规定的最低支承要求后再考虑路面结构;对于较强的路基,可以相应减少路面结构层的强度或厚度。

3 当地温度和湿度状况——在季节性冰冻地区,需考虑防冻层最小厚度的要求;在多雨潮湿地区,需考虑采用路面结构内部排水措施等。

4 已有公路路面的使用经验。

水泥混凝土路面的使用性能要求包含结构性要求和功能性要求两个方面。混凝土路面结构设计,主要考虑满足结构性使用性能方面的要求,同时通过采用结构性措施(如,接缝设置传力杆等)兼顾对平整度的要求。结构性要求主要体现为对结构承载能力和结构完好程度(损坏)的要求,而水泥混凝土路面的结构损坏主要有混凝土板块断裂和接缝错台两类。

4.1.2 路面结构层由面层、基层和底基层、垫层等结构层次组成,对各个结构层次有不同的功能要求。各个结构层可以由不同类型和性质的材料组成,各具不同的力学特性。因而,为各个结构层所选择的组成材料,其性质要求和力学特性要满足各结构层的功能要求。

4.1.3 选择和组合结构层时,应考虑结构层上下层次的相互作用以及层间结合条件和要求,如:

1 上下层的刚度(模量)比,会否引起上层底面产生过大的拉应力,会否使混凝土面层产生过大的温度和湿度翘曲应力。

2 无结合料的上层和下层的集料粒径和级配,会否引起水或细粒土的渗漏。

3 下面层次的透水性,会否引起渗入水的积滞和下层表面的冲刷。

4 层次间采用结合或隔离措施,对层内应力状况的不同影响以及对缩缝的及早开裂和缝隙张开宽度的影响等等。

路面结构是个多层体系,整个结构的性能和寿命受制于系统内最薄弱的环节(层次)。因而,在考虑并合理处理上下层次的相互作用的同时,还需要顾及整个路面结构体系中各组成部分(层)性能的协调,以能提供平衡的路面结构组合。

4.1.4 路表水会沿面层板的接缝和裂缝渗入路面结构内,造成冲刷、唧泥、错台和板块断裂等损坏。除了采取路表排水、接缝填封或设置沥青类封层等措施以减少水的渗入外,组合设计时,还应考虑采取各种疏导和排除措施,防止渗入水积滞在路面结构内,如:

1 路肩结构应含透水性层次,以便横向排除路面结构内的渗入水。

2 设置内部排水系统(排水基层排水系统或路面边缘排水系统)等。

为减少面层底面脱空区内的积滞水对基层顶面的冲刷,应选用抗冲刷能力强的材料做基层。基层采用无机结合料稳定类材料时,由于会产生收缩裂缝,还应考虑底基层的抗冲刷能力。

4.2 路基

4.2.1 通过混凝土路面结构传到路床顶面的荷载应力很小,因而,对路基承载能力的要求并不高。但路基出现不均匀变形时,混凝土面层与下卧层之间会出现局部脱空,面层应力会由此增加而导致面层板的断裂。因此,对路基的基本要求是提供均匀的支承,即路基在环境和荷载作用下产生的不均匀变形小。

路基不均匀变形主要在下述情况下出现:

1 膨胀性土(包括高液限细粒土)的不均匀收缩和膨胀变形;

2 软弱地基的不均匀沉降;

3 填挖交替或新老填土交替;

4 季节性冰冻地区的不均匀冻胀;

5 排水不良的土质路堑;

6 填料和填筑方式产生的不均质;

7 填土因压实不足或不均匀而产生的压密变形,受湿度变化影响而产生的膨胀和收缩变形;

8 路表渗入水积滞在路面结构内,或者地表排水不畅,浸湿路基。

为控制路基的不均匀变形,应在地基、填料、压实和排水等方面采取相应的措施。

4.2.2 路基是路面结构的基础。路面结构对路基所能提供的支承条件或水平,应有基本的要求。此要求可采用路床顶的综合回弹模量值来表征,并按照交通荷载等级的不同,分别提出不同的要求值。当路床的综合回弹模量值不满足要求时,应采取更换填料、增设粒料层或低剂量无机结合料稳定层等措施。采用这些措施后的结构层,仍应归属于路基范畴内,不宜算作路面的结构层次(如垫层)。

国外设计方法中,对路床顶综合回弹模量值规定了不同的要求,如德国方法为不小于45MPa,美国力学—经验法为不小于62MPa,法国方法分为4个等级——20~50MPa、50~120MPa、120~200MPa和大于200MPa,南非方法按CBR值分为4个等级——小于3%(要求采取特殊处理措施)、3%~7%、7%~15%和大于15%。本规范参照国外设计方法中的经验数值,并结合国内路基的实际条件和经验,按交通荷载等级区分为3级(交通荷载分级参见3.0.7条),并规定了相应的数值。

路基由多个不同性质的土层或结合料稳定土层组成时,路床顶的综合回弹模量值参照附录B.2.4条中所述的方法计算确定。

4.2.3 1 《公路路基设计规范》(JTG D30—2004)规定,路堤上路床及零填和路堑路床的CBR值不得低于8%(高速和一级公路)或6%(其他等级公路);路堤下路床不得低于5%(高速和一级公路)或4%(其他等级公路)。根据这一要求以及各类土的CBR经验值,提出了各级公路路床填料选择的最低要求。

2 膨胀率的定义为,在CBR试验中,试件浸水4d后的高度与未浸水前的高度之比(以百分率表示)。按膨胀率的大小,土可分为不膨胀土(膨胀率不大于2%,土的塑性指数约小于10)、中等膨胀土(膨胀率为2%~4%,土的塑性指数为10~20)和高膨胀土(膨胀率大于4%,土的塑性指数约大于20)3级。

4.2.4 路基工作区按路床顶面下80cm确定。

地下水位高而高程受限制不能提高路基时,须采取相应的措施,提高填料的水稳定性;而在工作区接近地下水位或部分进入地下水位,路基处于过湿状态时,还应采用降低地下水位的措施。

4.2.5 路基土冻胀与三方面因素有关:路基土的易冻胀性、冰冻线的深度和离地下水位的距离。

美国陆军工程师团按土的冻胀性将其分为4类:

1 无冻胀到低冻胀土——小于0.075mm颗粒少于10%的含细料砾石;

2 低冻胀到中等冻胀土——小于0.075mm颗粒占10%~20%的含细料砾石,小于0.075mm颗粒占6%~15%的含细料砂;

3 易冻胀土——小于0.075mm颗粒超过20%的含细料砾石,小于0.075mm颗粒超过15%的含细料砂(不包括很细粉质砂),塑性指数小于12的黏土;

4 很易冻胀土——粉质土,小于0.075mm颗粒超过15%的很细粉质砂,塑性指数大于12的黏土。

地下水位距路床顶1.5~3m时,易冻胀土或很易冻胀土路基会由于地下水的充分供应而出现冻胀。

季节性冰冻地区可以采用两种方案防止路基产生冻胀：
1 整个冰冻线深度内采用不易冻胀的填料。
2 容许冰冻线深达部分易冻胀土层内，但这部分土层所产生的不均匀冻胀不会使路表面的不平整度超出容许值。

4.3 垫层

4.3.1 垫层主要设置在温度和湿度状况不良的路段上，以改善路面结构的使用性能。前者出现在季节性冰冻地区路面结构厚度小于最小防冻厚度要求时，设置防冻垫层可以使路面结构免除或减轻冻胀和翻浆病害。在路床土湿度较大的挖方路段上，设置排水垫层可以疏干路床土，改善路面结构的支承条件。为改善路基支承条件（如减少不均匀变形）而设置的其他层次，属于路基范畴。

4.3.3 除砂、砂砾等颗粒材料外，在供应条件许可时，防冻垫层还可采用煤渣、矿渣等隔温性材料。

4.4 基层和底基层

4.4.1 对水泥混凝土面层下基层的首要要求是抗冲刷能力。不耐冲刷的基层表面，在渗入水和荷载的共同作用下，会产生冲刷、唧泥、板底脱空和错台等病害，导致路面不平整，并加速和加剧面层板的断裂。

提高基层的刚度，有利于改善接缝的传荷能力。然而，其作用只能在基层未受冲刷的前提下才能得到保证，同时，其效果不如在接缝内设置传力杆。此外，提高基层刚度虽然可以增加路面结构的弯曲刚度，降低面层板的荷载应力，但也会增加面层板的温度翘曲变形（增加板底脱空区范围）和翘曲应力，对路面结构产生不利影响，并不一定能减薄面层厚度。

4.4.2 基层和底基层可以按组成材料分为无机结合料类（包括贫混凝土、碾压混凝土、水泥稳定碎石、开级配水泥稳定碎石和石灰粉煤灰稳定碎石等）、沥青结合料类（包括沥青混凝土、沥青稳定碎石和开级配沥青稳定碎石等）和粒料类（包括级配碎石、级配砾石、未筛分碎石等）三大类型。

基层的受冲刷程度与水的渗入、交通荷载作用的繁重程度和基层材料的抗冲刷能力有关。各类基层具有不同的抗冲刷能力，它取决于基层材料中结合料的性质和含量以及细料（小于0.075mm）的含量。对于基层的抗冲刷能力，目前尚未有标准的试验方法和定量评定指标。一些试验研究结果表明，最耐冲刷的是贫混凝土（水泥剂量7%或8%）和沥青混凝土（沥青含量6%）基层，其次是水泥稳定碎石（水泥剂量5%）基层，再次是低剂量水泥稳定碎石（水泥剂量3.5%）和沥青稳定碎石（沥青含量3%）基层，较易冲刷的是二灰稳定碎石和级配碎石基层，各种稳定土、未筛分碎砾石、细粒土等均不耐冲刷。按照所承受的交通荷载等级和基层的抗冲刷能力,表4.4.2-1提出了各类基层的适用场合。

表4.4.2-2还针对各类基层的特性分别提出了适宜选用的底基层类型。通常情况下,底基层宜采用粒料类材料。基层采用无机结合料类材料时,底基层没有必要再采用刚度(模量)较大的无机结合料稳定碎石类底基层,以提高路面结构的弯曲刚度。并且,采用无机结合料稳定碎石类底基层时,有可能因底基层与路床的模量比大而产生过大的拉应力,并且其收缩裂缝提供了水分下渗的通路及产生冲刷和唧泥的条件。

4.4.3 为增加路面结构的弯曲刚度,降低面层的荷载应力,承受极重、特重或重交通荷载时,往往选用刚度较大的基层。这时,为了缓解由于基层与路床的刚度比过大而产生的问题,在基层下应设置底基层。而对于承受中等或轻交通荷载的路面,面层和基层通常可提供足够的弯曲刚度,因而可以不设底基层。但基层若为无机结合料稳定材料,而上路床由细粒土组成时,基层与路床之间的刚度差仍可能过大,会引起基层因拉应力过大而开裂,并且会产生水沿裂缝的下渗引起路床的冲刷和唧泥病害。因此,需在基层与路床间设置粒料类底基层。

4.4.4 无机结合料类基层会出现收缩裂缝,为水的下渗和下卧层(底基层或路床)遭受冲刷提供条件。底基层选用粒料类材料时,为了避免或减轻因冲刷而产生的脱空和唧泥等病害,应控制粒料中小于0.075mm的细料含量。

4.4.5 贫混凝土或碾压混凝土基层的刚度较大,虽然可以增加路面结构的弯曲刚度,降低面层板的荷载应力,但会使面层板产生过大的温度和湿度翘曲变形,从而增加板底脱空区的范围和板内的温度和湿度翘曲应力。理论分析和实体工程验证表明,设置沥青混凝土夹层能够有效缓解这种状况。为减少这种不利影响,要求在贫混凝土或碾压混凝土基层上铺设沥青混凝土夹层,以降低面层的翘曲变形和翘曲应力。

为减缓无机结合料稳定碎石基层顶面遭受面层渗入水的冲刷作用,防止渗入水沿基层收缩裂缝下渗,应在基层上铺设封层。此外,设置封层还可降低面层与基层的黏结程度,减小摩阻力。封层材料可选用沥青类或适宜的膜层材料,膜层材料主要包括较厚塑料薄膜、复合土工膜或复合塑料编织布等。

4.4.6 多雨地区(年平均降水量800～1 000mm),通过接缝或裂缝渗入混凝土路面内的水量相当大。在混凝土路面结构内设置排水基层排水系统或纵向边缘排水系统以排出渗入水,可减少渗入水对基层的冲刷作用,从而降低唧泥、错台和板底脱空等病害出现的可能性和程度。

为防止排水基层内的水分下渗,在排水基层下需设置透水性小的底基层(如密级配粒料或水泥稳定碎石),或者,在底基层上铺设沥青类封层或不透水的土工织物。

4.4.7 各类基层和底基层的厚度范围,应依据结构层成型、施工方便(单层摊铺碾压)

或排水要求等因素选择,一般适宜压实厚度参见表4-1。增加基层或底基层的厚度,对于降低面层的应力或者减薄面层的厚度,影响不大。因而,混凝土面层下的基层或底基层不必很厚。按设计轴载数和路床的强弱程度选定基层和底基层的厚度,如果设计厚度超出适宜厚度,可以按所提供的施工条件决定是否需要采用分层铺筑和压实。

表4-1 各种材料基层和底基层的结构层适宜施工层厚

材 料 种 类		适宜施工层厚(mm)
贫混凝土、碾压混凝土		120～200
无机结合料稳定粒料		150～200
沥青混凝土	集料公称最大粒径9.5mm	25～40
	集料公称最大粒径13.2mm	35～65
	集料公称最大粒径16mm	40～70
	集料公称最大粒径19mm	50～75
沥青稳定碎石	集料公称最大粒径19mm	
	集料公称最大粒径26.5mm	75～100
多孔隙水泥稳定碎石		100～150
级配碎石、未筛分碎石、级配砾石或碎砾石		100～200

4.4.8 贫混凝土或碾压混凝土基层与底基层的刚度比较大,有可能产生较大的层底拉应力。因而,需要通过厚度调整来控制其疲劳开裂。贫混凝土或碾压混凝土的弯拉强度也是控制疲劳开裂的重要调节因素,这类基层不宜采用过大的强度值,以免使基层与底基层的模量比仍处于高位,层底拉应力和相应的疲劳开裂得不到缓解。

4.4.9 路表水的设计渗入量和排水基层的厚度计算,可参照现行《公路排水设计规范》(JTJ 018)。部分观测资料表明,因混凝土面层内水泥浆下渗而引起的排水基层堵塞深度约为20mm以内。

4.4.11 碾压混凝土和贫混凝土基层会产生收缩裂缝,导致混凝土面层出现反射裂缝。因而,对这两种基层规定了设置接缝的要求。

4.5 面层

4.5.1 混凝土面层是路面结构的主要承重层,同时也是与车辆直接接触的表面层,因而,一方面要求面层具有足够的承载能力和耐久性,另一方面要求面层具有良好的行驶质量。

4.5.2 其他面层类型可依据适用条件按表4-2选用。

表 4-2 其他面层类型选择

面层类型		适用条件
连续配筋混凝土面层		高速公路
复合式面层	密级配沥青混合料上面层	极重、特重交通荷载的高速公路
	连续配筋混凝土下面层	
	设传力杆普通混凝土下面层	
碾压混凝土面层		二级及二级以下公路
钢纤维混凝土面层		高程受限制路段、混凝土加铺层
混凝土预制块面层		二级及二级以下公路桥头引道沉降未稳定段、服务区停车场

由于表面平整度难以满足要求以及接缝处难以设置传力杆，碾压混凝土不宜用作高速或一级公路或者承受特重或重交通的二级公路的面层。

4.5.3 表4-3所建议的面层厚度参考范围，是在对标准的路面结构和设定的条件进行计算分析后归纳而形成的。标准路面结构是按4.2～4.4节对路床、垫层、底基层和基层的有关要求拟定的。设定的条件包括：设计安全等级和设计基准期、各安全等级的目标可靠度和变异水平分级、变异系数变化范围以及不同目标可靠度和变异水平等级的可靠度系数。对于极重交通荷载等级，所提出的厚度参考值是依据各项有利的参数值计算得到的下限。对于轻交通荷载等级所提出的厚度参考范围高限，是依据各项不利的参数值计算得到的上限，其低限则为面层最小厚度的限值。所提出的表4-3可供路面结构组合设计及初拟面层厚度时参考。在所建议的各级面层厚度参考范围内，设计轴载作用次数多、变异系数大、最大温度梯度大或者基、垫层厚度或模量值低时，取高值。高速公路的施工水平只能达到中等变异水平等级时，可参照低变异水平等级的厚度范围的高限或者高于此高限选用。

表 4-3 水泥混凝土面层厚度的参考范围

交通荷载等级	极重	特重			重		
公路等级	—	高速	一级	二级	高速	一级	二级
变异水平等级	低	低	中	低	中	低	中	低	中
面层厚度(mm)	≥320	320～280	300～260	280～240		270～230	260～220

交通荷载等级	中等		轻	
公路等级	二级	三、四级	三、四级	
变异水平等级	高	中	高	中	高	中
面层厚度(mm)	250～220	240～210	230～200	220～190	210～180

4.5.4 普通水泥混凝土、碾压混凝土、钢筋混凝土、钢纤维混凝土或连续配筋混凝土面层，都依据相同的设计标准和验核标准，按照式(3.0.4-1)和式(3.0.4-2)以及附录B进行厚度计算。连续配筋混凝土面层由于裂缝间距的随意性，在应力分析时难以确定板块

的尺寸,厚度计算可近似地按普通水泥混凝土面层的各项设计参数和规定进行。

4.5.5　依据国外的经验,增加40mm厚的沥青混凝土上面层约可减薄10mm混凝土下面层。

4.6　路肩

4.6.1　路肩为行车道路面结构提供侧向支承,同时,它也供车辆临时或紧急停靠,并在路面改建或维修时作为便道使用。此外,观测资料表明,在主车道上行驶的车辆中,有6%~9%的车辆的右侧车轮越出车道线行驶在路肩上。因此,路肩铺面结构应具有足够的承载能力。

路肩铺面应与行车道路面作为一个整体进行结构设计,协调结构层次和组成材料的选用,统一考虑路面和路肩结构的内部排水。这一方面出于方便施工的考虑,另一方面是为了解决渗入行车道路面结构内的路表水的横向排流问题,避免行车道路面形成槽式结构。

4.6.2　行车道混凝土面层加宽后,可以减少车辆轮载作用于面层板边缘的概率,从而降低荷载应力,提高面层的疲劳寿命。

5 接缝设计

5.1 一般规定

5.1.1 一般路段上的混凝土板通常采用纵缝同横缝垂直相交的矩形形式,在横缝不设传力杆的中等和轻交通公路上,横缝也可设置成与纵缝斜交,使车轴两侧的车轮不同时作用在横缝的一侧,从而减少轴载对横缝的影响,减小接缝处的挠度和应力。但斜缩缝的锐角板板角容易断裂。国外有设置斜缩缝路段的经验,但斜度有一定限制,一般不大于 1:10。当设置传力杆时,斜缝使传力杆难以准确定位。

5.1.2 纵向接缝间距一般按车道线设置,这样可使路面美观。带有路缘带的高速公路和一级公路,板宽可按车道和路缘带的宽度确定,车道和路缘带间不设纵缝,也可考虑施工方法等因素适当调整。

5.1.3 横缝间距大小影响板内温度应力、接缝缝隙宽度和接缝传荷能力。国内外有关横缝间距的研究成果,主要有三点结论:①横缝间距(m)一般不大于板厚(cm)的 1/4;②板块长边(车辆行驶方向)与短边之比不宜大于 1.25;③板长和相对刚度半径的比例不超过 5。上述三种方式确定的普通混凝土路面的横缝间距是较为相近的,本条款给出的间距值是合适的。在普通混凝土面层的建议范围内,所选横缝间距可随面层厚度增加而增大,随基层刚度的增加而适当缩短。

对于高等级公路,通常硬路肩与行车道的路面结构相同,行车道(包括路缘带)宽度通常为 3.75~4.5m,硬路肩宽度为 2.5m 或 3.0m。纵缝通常按车道线设置,考虑纵缝两侧的横缝对齐,则行车道板块和硬路肩板块的长宽比不能同时满足 1.35 的要求。此时可减小行车道和硬路肩的长宽比,行车道板块可接近正方形。

5.2 纵向接缝

5.2.1 纵向接缝,无论是施工缝或缩缝,均应在缝内设置拉杆,以保证接缝缝隙不张开。纵向施工缝有平缝和企口缝两种形式,但实践经验表明,企口缝的工作性能不好,易于在阴企口上沿发生剪切断裂损坏,对于承受重交通轴载的水泥混凝土路面,企口缝有明显的缺点,因此实践倾向于采用平缝。

对于低等级道路,当路面宽度小于 6.0m 时,可不设置纵向缩缝。纵向缩缝的槽口深度应大于纵向施工缝,以保证混凝土在干缩或温缩时能在槽口下位置处开裂。否则,会由于缩缝处截面的强度大于缩缝区外无拉杆的混凝土强度,导致缩缝区外的混凝土板出现纵向断裂。无机结合料类基层的刚度及基层与面层间的摩阻系数,大于粒料类基层,混凝土干缩或温缩时受摩阻约束而产生的应力要大些,因此无机结合料类基层上混凝土板缩缝的槽口深度要比采用粒料类基层时深一些。

5.2.2 纵缝与路线中线平行,板的长边与车辆行驶方向保持一致,可使行车荷载尽量少驶经纵缝,减少板处于临界荷位受力状态的概率。在路面宽度变化的路段内,不可使纵缝的横向位置随路面宽度一起变化。其等宽部分必须保持与路面等宽路段相同的纵缝设置位置和形式,而把加宽部分作为向外接出的路面进行纵缝布置。此外,变宽段起点处的加宽板的宽度应由零增加到 1m 以上,以避免出现锐角板。

5.2.3 纵向接缝的拉杆间距与接缝形式、水泥板厚度、接缝到自由边距离、钢筋等级有关。缩缝所需的拉杆间距比平缝施工缝大,厚水泥面板所需的拉杆间距比薄水泥面板小,钢筋屈服强度较低时所要求的拉杆间距小。表 5.2.3 中的拉杆间距所针对的钢筋等级为 HRB335,接缝形式为缩缝或平缝施工缝。表 5.2.3 中的拉杆间距并不是所采用的缩缝间距的公倍数。为避免出现拉杆与缩缝重合,在施工布设时,应依据具体情况调整缩缝附近的拉杆间距。

5.3 横向接缝

5.3.2 一般情况下,横向缩缝都采用等间距布置。随机的不等间距横缝布置,可降低车辆的共振响应,设计时应兼顾面层板的长宽比。

我国绝大部分混凝土路面的横向缩缝均未设传力杆。不设的主要原因是施工不便。但接缝是混凝土路面的最薄弱处,容易产生唧泥和错台病害,除了基层不耐冲刷外,接缝传荷能力差也是一个重要原因。同时,在出现唧泥后,无传力杆的接缝由于板边挠度大而容易迅速产生板块断裂。国外各种接缝损坏预估模型显示,传力杆的设置与否对接缝碎裂损坏的影响最大,设置传力杆后,路面总费用增加 5%~8%,但接缝寿命可提高一倍以上。此外,接缝无传力杆的旧混凝土面层在考虑设置沥青加铺层时,往往会因接缝传荷能力差易产生反射裂缝而不得不加大加铺层的厚度。为了改善混凝土路面的行驶质量,保证混凝土路面的使用寿命,便于在使用后期铺设加铺层,本条规定了在承受极重、特重和重交通荷载的普通混凝土面层的所有横向缩缝内必须设置传力杆。中等和轻交通荷载公路的横向缩缝可不设传力杆,但邻近胀缝或自由端部的 3 条横向缩缝必须采用设传力杆假缝形式,这是由于这些横缝的缝隙会随混凝土板的反复伸缩位移而逐渐张开,需要设置传力杆以保证这些接缝的传荷能力。

5.3.3 为保证混凝土在干缩或温缩时能在槽口下位置处开裂,防止在传力杆端部产生裂缝,当横向缩缝设置传力杆时,切缝深度宜比不设传力杆的假缝切缝深度稍大。一次锯切的槽口断面呈窄长形,设在槽口内的填缝料在混凝土板膨胀时易被挤出路表面;而在混凝土板收缩时易因拉力较大而与槽壁脱开。为此,对高速公路、一级公路的缩缝,建议采用两次锯切槽口,以保证接缝填封效果和行驶质量。近年来国内修筑的高等级水泥混凝土路面的接缝多选用背衬垫条控制填缝深度和填缝料形状,并有较多的成功经验。而国外的经验,如美国各州也多选用背衬垫条,因此本条款对原规范的浅槽口构造做了相应修订。

5.3.4 膨胀量大小取决于温度差(施工时温度与使用期最高温度之差)、集料的膨胀性(线膨胀系数)以及面层出现膨胀位移的活动区长度。胀缝的缝隙宽度为20～25mm,可供膨胀位移的有效间隙不到10mm。因而,应依据对膨胀量的实际估计来决定需要设置的胀缝数。传力杆一半以上长度的表面涂敷沥青膜,外面再套0.4mm厚的聚乙烯膜。杆的一端加金属套,内留30mm空隙,填以泡沫塑料或纱头;带套的杆端在相邻板内交错布置。

传力杆应在基层预定位置上设置钢筋支架予以固定,钢筋支架不仅是胀缝施工的需求,同时也起到增强胀缝两侧抗拉强度、抵抗拉应力破坏的作用。

5.3.5 对于传力杆的材料,除了光面钢筋外,目前国外还进行了许多其他材料的尝试,如不锈钢钢筋、塑料纤维、充混凝土塑料纤维管等,其主要目的是防止普通钢筋的锈蚀,特别是冰雪地区融雪剂的使用对传力杆钢筋的侵蚀。这些传力杆材料的应用还有待进一步研究,特别是在尺寸、间距、长期性能方面以及在胀缝中的应用效果等方面。

国内外研究和使用经验表明,接缝碎裂损坏和平整度对传力杆直径的变化非常敏感,传力杆直径是导致接缝碎裂损坏的最重要因素。传力杆越粗,在提高接缝传荷能力、降低接缝碎裂损坏方面越有效。相对来说,较小的直径(<25mm)对防止接缝碎裂损坏的效果不大,而较大的直径则效果很好。通常传力杆的直径最小为面层厚度的1/8。传力杆间距对平整度、接缝碎裂损坏和路面断裂的影响不明显。

传力杆施工有两种方式:一是配合滑模摊铺施工的传力杆自动插入装置法;二是前置传力杆钢筋支架法。国内滑模摊铺施工的经验表明,对于自动插入装置法,传力杆直径大于32mm时,传力杆难于插入,并且会导致路面平整度下降,此时,可采用前置传力杆钢筋支架法。

5.4 交叉口接缝布设

5.4.1 布设交叉口的接缝时,不能将交叉口孤立出来进行,应先分清相交道路的主次,保持主要道路的接缝位置和形式全线贯通一致。而后,考虑次要道路的接缝布设如何与主要道路相协调,并适当调整交叉口范围内主要道路的横缝位置。

5.4.2 应将胀缝设置在次要道路上。

5.5 端部处理

5.5.2 本条对搭板的设计未作具体规定,设计时,应与桥涵设计人员联系配合。在混凝土面层与桥台之间铺筑混凝土预制块面层或沥青面层过渡段,是一项过渡措施,待路基沉降稳定后,再铺筑水泥混凝土面层。

5.5.3 在混凝土面层与沥青面层相接处,由于沥青面层难以抵御混凝土面层的膨胀推力,易于出现沥青面层的推移拥起,而形成接头处的不平整,引起跳车。过渡板上的沥青层较薄,上下层模量比较大,为防止沥青层发生剪切推移,沥青层最小厚度应大于4cm。对过渡板表面应进行处理,以加强沥青层与过渡板的黏结。图5.5.3依据国内外的经验,并参照英国标准图制定。

5.5.4 设置端部锚固结构是为了约束连续配筋混凝土面层的膨胀位移。端部锚固结构设计,应首先估算板端在温差作用下可能发生的位移量,根据位移控制要求(全部或部分)计算所需的约束力,由此可验算锚固结构的强度、地基稳定性和纵向位移量是否满足控制要求。国内外常见的端部锚固结构有两种:钢筋混凝土地梁及宽翼缘工字钢梁。通常土质情况较好的地段可选择钢筋混凝土地梁,而在土质条件较差或在开挖困难的填石路基地段,可采用宽翼缘工字钢梁接缝。近年来我国有将桥梁伸缩缝(毛勒缝)结构用于锚固端的经验,实践证明效果较好,设计时可作为一种选择。

本条所列出的端部锚固结构形式参照英国及美国联邦公路局的标准图。

5.6 填缝材料

5.6.1 胀缝接缝板的技术要求,参见《公路水泥混凝土路面施工技术规范》(JTG F30—2003)。

5.6.2 填缝材料的质量和发挥效果对水泥混凝土路面正常使用和结构寿命至关重要。水泥混凝土路面的填缝料主要有三种类型:加热施工类、常温施工类及预制密封条。加热施工类包括沥青类、橡胶沥青类;常温施工类包括聚氨酯类、硅酮类、聚硫类。国内外使用经验和研究结果都表明,无论是低温抗裂性,还是抗老化性能,常温施工类填缝料的性能一般优于加热施工类填缝料,而预制密封条仅适用于停车(场)带、站台等低速路段。

各类填缝料的技术要求,参见《公路水泥混凝土路面施工技术规范》(JTG F30—

2003)。国内外研究表明,填缝料与混凝土槽壁的剥落脱离破坏主要是由接缝两侧弯沉差的剪切作用引起的,其关键影响因素是填缝料在低温和高速剪切状态下的劲度,然而现行规范中尚无反映填缝料在低温和高速剪切状态下材料性能的技术指标。从试验检测结果看,目前国内规范所提出的填缝料技术指标偏低,市场上多数材料易于满足要求,因此,设计时应适当提高技术标准和指标。

6 混凝土面层配筋设计

6.1 普通混凝土面层配筋

6.1.3、6.1.4 普通混凝土面层的布筋范围主要取决于桥涵台背后回填路基的范围,故每侧考虑取 $1.5H+1.5m$ 且不小于 4m 的宽度(图 6.1.3 和图 6.1.4)。对于构造物顶部及两侧的回填材料,鉴于压实困难以及为减少不均匀沉降,采用砂砾或稳定土等材料,易取得较好的效果。此外,各地有采用填料内分层加土工格栅或旋喷桩等措施的经验,设计时可通过论证参考选用。

6.2 钢筋混凝土面层配筋

6.2.1 钢筋混凝土面层的配筋量,主要依据平衡混凝土面层收缩受阻时产生的拉力的需要。当混凝土面层自两端向中央收缩时,层底的摩阻力为混凝土的重力乘以它与基层的摩阻系数,这一摩阻力即为作用于混凝土面层中央的拉力,并假定应力沿面层断面均匀分布,由钢筋承受。据此推导出式(6.2.1),混凝土的重度取为 $24kN/m^3$,钢筋的容许应力取 0.75 倍屈服强度。

钢筋混凝土面层的配筋率与面层平面尺寸和气候因素有关,一般为 0.1%~0.2%,最低为 0.05%,最高可达 0.25%。

6.3 连续配筋混凝土面层配筋

6.3.1 连续配筋混凝土面层的纵向钢筋配筋率设计,主要考虑对横向裂缝缝隙宽度、横向裂缝间距、裂缝传荷能力、钢筋所承受的拉应力以及混凝土出现由纵向裂缝产生的断裂块进行控制,其中,最主要的是对裂缝缝隙宽度的控制。

在温度和湿度变化时,面层混凝土会产生伸缩应变,当收缩应变受阻时(面层底面的摩阻、混凝土与钢筋的黏结、温度和湿度梯度产生的翘曲变形等),面层便会产生不同间距的横向裂缝。配筋的作用是控制这些裂缝产生的间距和缝隙宽度。配筋量越少,横向裂缝的间距越大,裂缝缝隙便越宽,裂缝的传荷能力(依靠集料间的嵌锁作用)越低,缝隙两侧受到的剪切应力越大,裂缝传荷能力的降低也越快。而增加配筋量,可以减小裂缝间距及缝隙的宽度,提高裂缝的传荷能力及其寿命。

在配筋量少、裂缝缝隙较宽和传荷能力较低时,当重轮载作用于由两条相邻横向裂缝和路面纵向边缘所围区域的角隅处时,在裂缝边缘距路面纵向边缘1.0~1.5m处的面层表面会产生较大的横向拉应力,并与夜间降温时出现的温度翘曲应力相叠加而生成更大的综合应力。在荷载应力和温度应力的反复作用下,该处的混凝土会出现垂直于横向裂缝的疲劳开裂,并向对向的横向裂缝延展而形成纵向裂缝,进一步发展为该区域内混凝土面层的纵向断裂块。这种混凝土断裂破坏,是连续配筋混凝土面层最主要的损坏类型。出现混凝土块断裂破坏,会使路面的平整度下降。因此,增加配筋量,减小裂缝间距和缝隙宽度,提高裂缝传荷能力,就可以减少混凝土的断裂破坏,提高面层的平整度。

按照连续配筋混凝土面层的上述工作特性以及国内外的使用经验和研究成果,并参照美国力学经验法路面设计指南,制定了条文所列的确定连续配筋混凝土面层纵向配筋率的3项要求和相应的技术指标。

横向裂缝的出现与混凝土面层的收缩变形和收缩受阻有关。影响这两方面的因素很多,包括水泥混凝土的性质(强度、模量、水化热、干燥收缩、集料类型、热膨胀系数等)、基层类型和材料性质(模量、与面层底面的黏结或摩阻、耐冲刷性等)、面层厚度和宽度、施工和环境条件(水灰比、养生质量、施工时气温和蒸发量等)等。众多的影响因素交互作用,使收缩变形和收缩受阻带有很大的随机性,裂缝间距和缝隙宽度也就存在很大的变异性,因而条文规定的要求和提出的指标,都是指的平均情况和平均值。设计足够的配筋量使各项指标的平均值满足了要求,但并不能保证个别或少数裂缝的缝隙宽度和传荷能力,因而可能会出现少量的混凝土断裂破坏。

条文依据国内外经验,按不同交通荷载等级提出的纵向钢筋配筋率范围,可供初步设计时或者设计配筋率初选时参考。冰冻地区,为了减少含有除雪剂的融水渗入和对钢筋的锈蚀作用,其配筋率可适当增加,以减小裂缝的缝隙宽度。

沥青混凝土上面层可以降低连续配筋混凝土下面层顶面的荷载应力和温度翘曲应力,因而减少下面层混凝土的断裂破坏作用。因此,复合式面层的连续配筋混凝土下面层,其配筋率可比单层式连续配筋混凝土面层适当降低0.1%。

6.3.2 连续配筋混凝土面层配置横向钢筋,主要用于固定纵向钢筋的位置。为了避免面层横向收缩受阻时出现的纵向裂缝,也可按钢筋混凝土面层的配筋原则和要求,采用式(6.2.1)计算确定。此外,也可按纵向钢筋用量的1/8~1/5取用。

6.3.4 纵向钢筋的埋置深度宜尽量靠近面层顶面,使缝隙宽度较小。但位置过高会造成施工困难。为此,建议离面层顶面的距离不小于90mm,但不大于1/2面层厚度。

7 材料组成与参数要求

7.1 一般规定

7.1.1 在《公路水泥混凝土路面施工技术规范》(JTG F30—2003)、《公路路面基层施工技术规范》(JTJ 034—2000)和《公路沥青路面施工技术规范》(JTG F40—2004)中,对各种原材料的品质和各项技术指标都做出了明确的规定,对各类混合料的组成设计也提出了相应的方法。本规范对此不再做一般性重述,仅在7.3节和7.4节中针对水泥混凝土路面面层和基层的特性提出一些混合料组成需注意的关键性要点。

7.2 垫层材料

7.2.2 为保证排水垫层排水畅通,并防止路床细粒土渗入垫层内堵塞其孔隙,排水垫层材料的级配必须满足下述四项渗透和反滤要求(其中第一项为渗透要求,其他三项为反滤要求):

（1）垫层材料通过率为15%时的粒径D_{15}不小于路床土通过率为15%时的粒径d_{15}的5倍（$D_{15} \geq 5d_{15}$）；

（2）垫层材料通过率为15%时的粒径D_{15}不大于路床土通过率为85%时的粒径d_{85}的5倍（$D_{15} \leq 5d_{85}$）；

（3）垫层材料通过率为50%时的粒径D_{50}不大于路床土通过率为50%时的粒径d_{50}的25倍（$D_{50} \leq 25d_{50}$）；

（4）垫层材料的均匀系数（D_{60}/D_{10}）不大于20。

7.3 基层材料

7.3.1 混凝土面层下采用贫混凝土基层,主要是为了增加基层的抗冲刷能力,并不要求它有很高的强度。高强度的贫混凝土并不能使面层厚度降低很多,反而会增加混凝土面层的温度翘曲应力,并产生会影响到面层的收缩裂缝。

7.3.2、7.3.3 为减少冲刷并保证混合料的匀质,本条主要对无机结合料稳定粒料和级配粒料提出了控制细料含量和最大粒径的要求,其级配还应综合考虑公路等级和基层层位加以确定。而水泥稳定粒料中水泥用量可根据公路等级采用水泥剂量和强度双指标控制。

7.3.4 水泥混凝土面层的接缝和裂缝会渗入许多地表水,因而,采用沥青混合料类基层或夹层时,沥青混合料会受到水的侵蚀(冲刷和剥落)。为了增加混合料的水稳性,宜采取增加沥青用量(以降低空隙率、增加沥青膜厚度)和添加抗剥落剂等措施。

7.3.5、7.3.6 本条对排水基层多空隙混合料组成的建议,是依据近年来各地修筑试验路的经验提出的。它们能达到20%左右的空隙率和1.0cm/s以上的渗透系数,其强度和模量值均能满足基层的要求。

7.4 面层材料

7.4.1 混凝土中砂的细度模数原则上不小于2.5,河砂紧缺时这一规定可放宽至2.0,但路面的抗滑性能和平整度应满足规范要求。

7.5 材料设计参数

7.5.1 土和粒料为非线性弹塑性体,其回弹模量值是土类、物理状况(含水率和干密度)和应力状况的函数。试件应按最佳含水率和施工时的压实度要求制备,并按路基和粒料基层或底基层的应力水平确定回弹模量值。

7.5.2 由于无机结合料稳定类材料的匀质性较差,采用挠度法或者应变法都无法准确地测定其弯拉弹性模量值。因此,建议采用圆柱体试件的压缩弹性模量,但压缩应变的量测应在试件中间1/3部位进行,以消除两端接触面在压缩试验时的约束作用。

7.5.3 沥青混合料是黏弹性材料,其动态模量值是温度和频率(作用时间)的函数。试件在不同温度和频率下测定其动态模量值并建立主曲线后,按沥青类基层的温度和荷载作用时间确定相应的动态模量值。

7.5.5 混凝土性质参数的变异性,一部分来自试验室的试验误差,另一部分来自混合料组成的变异和施工(拌和、摊铺、振捣和养生)质量控制和管理的变异。后一部分变异性的影响,已反映在结构设计内(变异系数和可靠度系数)。而前一部分变异性的影响,应在混凝土配合比设计时考虑,计入混凝土试配弯拉强度的要求值。

8 加铺层结构设计

8.1 一般规定

8.1.1 路面在使用过程中,由于行车荷载和环境因素的反复作用,其使用性能会逐渐降低。当路面的结构状况或表面功能不能满足使用要求时,需采取修复措施以恢复或提高其使用性能。在旧混凝土路面上铺设加铺层,是一项充分利用旧路面剩余强度,可在较长时期内恢复或提高路面使用性能的有效技术措施。加铺层结构设计,必须建立在对旧路面的使用性能进行全面调查和确切评价的基础上,它要比新建路面的设计更为复杂。为此,本条规定了加铺层设计之前应对旧混凝土路面进行技术调查的主要内容。

8.1.2 沿接缝、裂缝渗入路面结构内的自由水,是造成混凝土路面唧泥、错台和板底脱空等病害的主要原因。对于旧路面结构内部排水不良的路段,增设边缘纵向排水系统,以便将旧混凝土面层—基层—路肩界面处积滞的自由水排离出路面结构,是保证加铺层使用寿命的有效措施之一。

8.1.3 加铺层的铺筑通常是在边通车、边施工的条件下进行的,设计方案应综合考虑施工期间的交通组织管理、交通安全、通行车辆对施工质量和施工工期的影响等。

8.1.4 挖除的水泥混凝土旧板的利用,可分为3类:①再生集料,即可用作贫混凝土基层集料、水泥稳定碎石基层集料、级配碎石垫层集料、路基及台背填筑(填换)碎石;②砌筑工程,即边沟、路肩墙、边坡防护工程等;③填筑路基,即填筑停车坪路基、改线段路基和匝道路基。

8.2 路面损坏状况调查评定

8.2.1 路面损坏状况是路面结构的物理状况和承载能力的表观反映。水泥混凝土路面的病害有面层断裂、变形、接缝损坏、表层损坏和修补损坏5大类,共17种损坏类型。其中,对混凝土路面结构性能和行车舒适性影响最大的是断裂类损坏和接缝错台两种,它们是决定加铺层结构形式及其厚度设计的主要因素。因此,加铺层设计中以断板率和平均错台量两项指标来表征旧混凝土路面的损坏状况。

错台量调查宜采用错台仪测试。对于断板率较低的高速和一级公路,应采用断板率和平均错台量两项评定指标。对于断板率较高的其他等级公路,当错台病害对行车安全和行驶质量的影响并非主要因素时,可仅采用断板率作为评定指标。

8.2.2 依据断板率和平均错台量两项指标将路面损坏状况划分为优良、中、次、差四个等级,以便合理选择加铺层的结构形式。当两项指标评价不一致时,以最不利指标作为最终评定等级。

8.3 接缝传荷能力和板底脱空状况调查评定

8.3.1 路面表面在荷载作用下的弯沉量和弯沉曲线,反映了路面结构的承载能力。弯沉测试是一项无破损试验,具有测点数量多、对交通干扰少的优点,在旧混凝土路面的接缝传荷能力、板底脱空状况以及基层顶面当量回弹模量等的调查评定中得到了广泛的应用。

水泥混凝土路面的整体刚度大,弯沉量小,弯沉盆大(弯沉曲线曲率半径大)。落锤式弯沉仪(FWD)产生的脉冲力可较好地模拟行车荷载对路面的作用,可方便地测定弯沉曲线,并进行多级加载测试,具有测试速度快、精度高的优点,是进行混凝土路面弯沉量测较为理想的设备。

为了避免温度和温度梯度对量测结果的影响,接缝传荷能力的测定应选择在接缝缝隙张开而板角未出现向上翘曲变形的时刻,板角弯沉测定应选择在白天正温度梯度的时段,而板中弯沉的测定则应选择在出现负温度梯度或正温度梯度很小的夜间至清晨时段进行。

8.3.2、8.3.3 接缝是混凝土路面结构的最薄弱部位,混凝土路面的绝大多数损坏都发生在接缝附近。对于加铺层设计而言,旧面层接缝(或裂缝)处的弯沉量和弯沉差值是引起加铺层出现反射裂缝的主要原因。美国沥青协会(AI)就以接缝或裂缝处的板边平均弯沉量和弯沉差作为沥青混凝土加铺层设计的控制指标。接缝传荷系数是反映接缝边缘处相邻板传荷能力的指标。将接缝的传荷能力按传荷系数大小划分为优良、中、次、差四个等级,可作为选择加铺层结构形式和采取反射裂缝防治措施的参考依据。

8.3.4 由唧泥引起的板底脱空,使板角隅和边缘失去部分支承,在行车荷载作用下将产生较大的弯沉和应力,最终导致加铺层损坏。板底脱空状况的评定是很复杂的,目前国内外还没有一致认可的方法。本条建议在板角隅处应用FWD仪进行多级荷载作用下的弯沉测试,利用测定结果,可点绘出荷载—弯沉关系曲线。当关系曲线的后延线与坐标线的相截点偏离坐标原点时,板底便可能存在脱空。这种评定板底脱空状况的方法,已在部分实体工程中得到了良好的应用。

利用雷达检测板底脱空,应根据原路面结构设置必要的仪器参数,将测试采集的外业数据经仪器自带的软件处理后,通过剖面图确定脱空位置和范围,并与钻芯或其他脱空检测手段进行标定,方可进行全线雷达检测。

利用声波检测仪器对路面板进行敲击,通过传声器采集该声音信号,然后提取声信号的频域特征,通过声音的频率、峰值、带宽等信号特征判断路面是否脱空。

8.4 旧混凝土路面结构参数调查

8.4.1 采用超声波和雷达设备量测混凝土强度和厚度的非破损测试方法,虽已在水工和建筑结构行业得到了广泛的应用,但由于混凝土面层板与基层(尤其是贫混凝土和无机结合料稳定类基层)材料具有类似的介质特性,这一非破损测试方法的实际量测精度在混凝土路面工程中还难以得到保证。所以,本规范仍建议采用传统的钻孔取芯测试法量取路面板的厚度,并在室内进行劈裂强度试验。标准芯样的直径为100mm。芯样的数量及其分布应以能够代表评定路段的板厚和混凝土强度状况并满足统计分析的要求为准。

8.4.2 式(8.4.2-1)是20世纪80年代初,由江苏省交通厅和中国民用航空机场设计研究院等对石灰岩和花岗岩碎石混凝土进行弯拉强度和钻孔取样劈裂强度试验后,回归分析后整理得到的。试件样本数204个,相关系数0.82。

美国力学经验法中提出水泥混凝土的劈裂强度一般变动于(0.6~0.7)弯拉强度的范围内,并建议劈裂强度采用0.67倍弯拉强度。式(8.4.2-1)反映的关系,劈裂强度变动于弯拉强度的0.52~0.63倍范围内,略低于美国力学经验法的建议值。

原规范推荐的关系式是20世纪80年代后期,由空军工程设计研究局在使用20年以上的机场旧碎石和卵石混凝土道面上分别锯切标准小梁试件和钻取圆柱体试件进行弯拉强度和劈裂强度试验,对试验结果进行回归分析后整理得到的。试件样本数114个,相关系数0.66。该关系式存在公式形式上的缺点,当劈裂强度为零时,弯拉强度不为零,当弯拉强度小于2.64MPa时,劈裂强度为负值。这可能是由于旧道面的强度变化范围很小,再用线性回归整理,使公式形式不合理,并在外延应用时会出现问题。

8.4.4 旧混凝土面层下的基层顶面当量回弹模量是加铺层设计的重要参数之一。面层下的基层顶面回弹模量难以直接测到,但混凝土路表弯沉是路面结构刚度特性的综合反映,因此,应用FWD实测路表弯沉,并按弹性地基板理论反算基层顶面模量的方法是实用可行的。

由板中荷载作用下测得的路表弯沉曲线可方便地按式(8.4.4-2)计算出无量纲参数SI,它反映了路面结构扩散荷载的能力。理论上,SI与混凝土路面板的相对刚度半径存在一一对应的关系。基于这一特征,对常用的混凝土路面结构参数(板厚h = 200、230、250、280、300、330、350mm,混凝土弹性模量E_c = $2.5×10^4$、$3.0×10^4$、$3.5×10^4$、$4.0×10^4$MPa,地基综合模量E_t = 100、250、500、1 000、2 000、4 000MPa)进行了168组不同结构组合的混凝土路面结构的有限元计算分析(板中荷载100kN、荷载作用半径150mm),依据计算结果进行回归分析后得到式(8.4.4-1)。

若测试荷载为非设计荷载(100kN)时,可使用荷载修正后的基层顶面当量回弹模量计算公式:

$$E_t = 100e^{3.60+24.03(1\,386w_0/p)^{-0.057}-15.63SI^{0.222}}$$

式中:P——测试荷载(kPa);

SI 和 w_0 与式(8.4.4-2)相同。

该回归公式具有非常显著的相关性,说明反算模量的方法在理论上是可行的。但是,由于路面结构理论模型与路面实际状况之间存在一定的差异,实际应用中还需要运用工程经验或辅之以室内材料试验,对反算结果的合理性进行分析判断或作适当修正。

为评定基层顶面当量回弹模量而进行的弯沉测试,应以板中为标准荷载位置,弯沉测点沿重载车道板的纵向中线布置,测点间距为 20~50m,评定路段内的总测点数应不少于30 点。按上述方法逐测点反算模量,再统计评定路段内基层顶面回弹模量的标准值。

8.5 加铺方案选择

8.5.1 对旧混凝土路面进行分路段等级评定,若路面的断板率和平均错台量评定等级不一致时,以指标中较低的评定等级作为该路段的损坏状况评定等级。按路段综合评定结果,参照表8-1 选定采用何种加铺结构或改建方式。

表8-1 旧水泥混凝土路面加铺改建方案

接缝传荷能力评价等级	优 良		中		次	差
路面损坏状况评价等级	优良	其他	中等以上	其他		
加铺改建方式 结合式混凝土加铺	★					
分离式混凝土加铺	★	★	☆			
沥青混凝土加铺	★	★	★	★	☆	
破裂稳固改建				★	★	
碎石化改建					★	★
挖除改建						★

注:★-各等级公路适宜加铺改建方案;☆-二级及二级以下公路适宜加铺改建方案,高速、一级公路不宜采用。

8.5.2 设置结合式加铺层的主要目的是改善旧混凝土面层的表面功能,或者提高其承载能力或延长其使用寿命。结合式加铺层的厚度较薄,旧面层的接缝和发展性裂缝都会反射到加铺层上。所以,只有当旧混凝土路面结构性能良好,其损坏状况和接缝传荷能力均评定为优良时,才能采用结合式加铺层。

8.5.3 由于加铺层与旧面层之间设置了隔离层,旧面层的接缝和裂缝一般不会影响到加铺层而使之产生反射裂缝。因而,分离式加铺层用于损坏较严重的混凝土路面,但应先对旧面层进行处治后再铺设隔离层。

8.5.4 旧混凝土面层的接缝或发展性裂缝往往在通车数年内会反射到沥青加铺层上。为了防止和控制反射裂缝，本条要求对旧混凝土面层存在的发展性裂缝、错台和板底脱空等病害必须进行修复，并且使旧混凝土面层的结构损坏状况和接缝传荷能力均恢复到中等以上状况。

8.5.5 经综合处治后的旧混凝土路面应满足接缝或裂缝处的板边弯沉小于0.20mm，弯沉差小于0.06mm，错台小于5mm，方可进行水泥混凝土或沥青混凝土结构加铺。在正常的基础支承状态下，弯沉差为0.06mm时所对应的传荷系数为75%。

8.5.6 压浆加固技术的关键在于确定脱空的位置和范围，以及浆体的配制。根据设计要求进行布孔压浆，避免盲目压浆所造成的经济损失与路面结构的损坏。压浆处治后，应进行钻芯取样、注水试验和复灌试验等检验压浆效果。

压浆加固对压浆材料性能的要求相当高，特别要满足压浆材料无收缩乃至产生微膨胀，对膨胀剂种类和剂量的选用是压浆配合比设计的重点。只有压浆材料满足流动性好、早期强度高、无离析、无泌水、无收缩等基本要求，通过压浆才能真正对脱空的水泥混凝土路面起到加固作用。

常用的压浆材料分为有机类和无机类。有机类主要是一些高分子聚合物，如环氧树脂类材料、聚氨酯类材料等。目前应用较多的是无机类压浆材料，主要是水泥浆类。无机类压浆材料已在工程中广泛应用，并取得了一定的效果。

8.5.7 当调查评定的旧混凝土路面的断板率、平均错台量和接缝传荷能力均处于差级水平，尤其是当旧面层板下出现严重唧泥、脱空或地基沉降时，对旧混凝土路面进行大面积修复后再铺筑加铺层已不是一种经济有效的技术措施。这时，应对旧面层混凝土进行破碎、冲击碾压及打裂压稳等处理，并用作改建路面的基层、底基层或垫层。破碎稳定处理既减少了大面积挖补所产生的废旧混凝土碎块对环境的不利影响，又保留了旧路面一定程度的结构完整性。为避免破碎施工时对重要构造物构成危害，应在路况调查时对道路及周围构造物如房屋、桥梁、涵洞、地下管线等的位置与状态进行详细调查，合理设计破碎施工方案。

8.5.8 打裂压稳后的旧混凝土能够较好地为改建路面面层提供足够的支撑，该层一般可以直接作为改建路面的基层。打裂时应避免过度破坏，不宜使路面板产生过大位移及大量的碎屑，打裂后旧路面顶面的回弹模量一般不小于300MPa。

碎石化后旧路面表面最大尺寸不应超过75mm，中间层不应超过225mm，底部不应超过375mm，可作为改建路面的粒料基层或垫层，其碎石化后旧路面顶面的回弹模量一般不小于200MPa。

打裂和破碎后的旧混凝土块尺寸是参照《旧水泥混凝土路面碎石化技术应用指南》、《水泥混凝土路面再生利用结构设计与施工工艺指南》及国内研究成果确定的。

8.6 沥青加铺层结构设计

8.6.1~8.6.3 因沥青加铺层较薄,层间模量比大,应采取措施提高沥青混合料高温抗剪强度和加强层间结合,防止沥青层剪切、推移与反射裂缝。沥青加铺层与原水泥混凝土面板之间宜洒布同标号热沥青或改性沥青。

8.6.4 防止和控制反射裂缝是沥青加铺层设计的重点。反射裂缝是由于旧混凝土面层在接缝或裂缝附近出现较大的位移,引起其上方沥青加铺层内出现应力集中所造成的,它包括因温度和湿度变化而产生的水平位移,以及因交通荷载作用而产生的竖向剪切位移。为此,本条规定沥青加铺层设计时应采取减缓反射裂缝措施。

预防和减缓反射裂缝的常用措施主要有:

(1)应力吸收层,包括 STRATA、SAMI、ISAC 等,厚度为 20~30mm,其作用为降低旧混凝土面层与沥青加铺层之间的黏附阻力,从而减少温度下降引起的反射裂缝。

(2)聚酯玻纤布,由玻璃纤维和聚酯纤维组成的一种玻纤复合防裂材料,既有较高拉伸强度,又有一定变形延展能力,对于温度和荷载引起的反射裂缝都有一定的抑制作用。

(3)土工织物夹层,包括聚丙烯或聚酯织物以及聚乙烯、聚酯无纺织物,其作用原理与黏胶沥青应力吸收夹层相同。

沥青加铺层典型结构可参考图 8-1。

图 8-1 沥青加铺层典型结构

(4)裂缝缓解层,包括大粒径开级配沥青碎石和级配碎石。大粒径沥青碎石的厚度一般为 80~120mm,级配碎石的厚度一般为 100~150mm。其作用为削弱拉应力、拉应变的传递能力,并且能消散、吸收由交通荷载及温度变化产生的荷载应力和温度应力。

沥青加铺层典型结构可参考图 8-2。

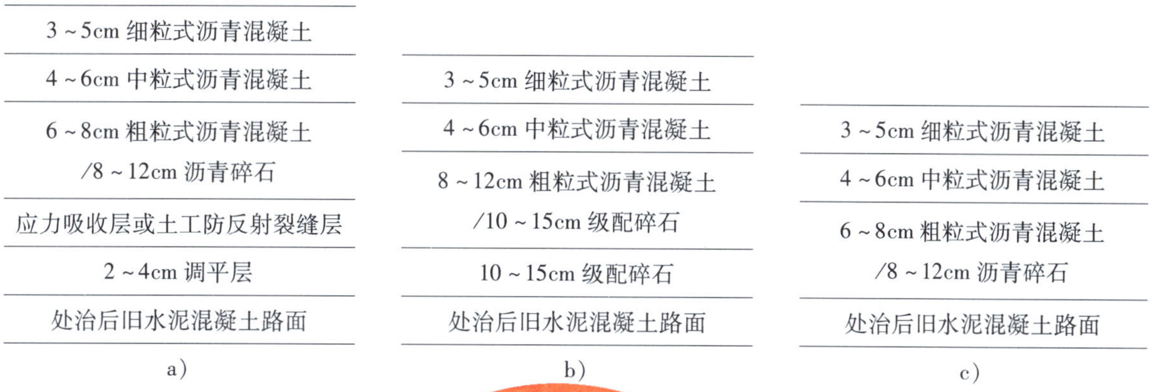

| 3~5cm 细粒式沥青混凝土 |
| 4~6cm 中粒式沥青混凝土 |
| 6~8cm 粗粒式沥青混凝土 /8~12cm 沥青碎石 |
| 应力吸收层或土工防反射裂缝层 |
| 2~4cm 调平层 |
| 处治后旧水泥混凝土路面 |
| a) |

| 3~5cm 细粒式沥青混凝土 |
| 4~6cm 中粒式沥青混凝土 |
| 8~12cm 粗粒式沥青混凝土 /10~15cm 级配碎石 |
| 10~15cm 级配碎石 |
| 处治后旧水泥混凝土路面 |
| b) |

| 3~5cm 细粒式沥青混凝土 |
| 4~6cm 中粒式沥青混凝土 |
| 6~8cm 粗粒式沥青混凝土 /8~12cm 沥青碎石 |
| 处治后旧水泥混凝土路面 |
| c) |

图 8-2 沥青加铺层典型结构

设计时,应依据加铺路段的实际情况和条件,分析出现反射裂缝的可能原因,有针对性地设置相应的预防或减缓措施。

8.6.5、8.6.6 当沥青加铺层厚度较小时,加铺层对于降低旧混凝土板荷载应力的效果很有限,加铺层下的旧混凝土路面仍起关键的承载作用,旧混凝土板的应力和混凝土弯拉强度在设计中起控制作用;当沥青加铺层厚度较大时,也可按新建沥青路面进行加铺层结构设计。

8.7 分离式混凝土加铺层结构设计

8.7.1~8.7.3 分离式加铺层与旧混凝土面层之间设置了隔离层,可隔断加铺层与旧面层的黏结,使加铺层成为独立的结构受力层。隔离层既可以防止或延缓反射裂缝,需要时也可以起到调平层的作用。因此,分离式加铺层适用于损坏状况及接缝传荷能力评定为中级和次级的旧混凝土路面。同时,加铺层的接缝形式和位置也不必考虑与旧混凝土面层接缝相对应。相反,加铺层的接缝位置如能与旧面层接缝相互错开 1m 以上,使作用在加铺层板边的荷载能下传到旧面层板的中部,可改善加铺层的受荷条件。

加铺层与旧混凝土面层之间必须保证完全隔离,因此,沥青混合料隔离层必须具有一定的厚度;同时,也不能采用松散粒料做隔离层。

8.7.4 分离式加铺层与旧混凝土面层之间设有隔离层,上下层板围绕各自的中性面弯曲,分别承担一部分弯矩。因此,加铺层和旧混凝土面层的应力和混凝土弯拉强度在设计中均起控制作用。在设计时,须协调上下层的厚度(影响各自的应力值)和弯拉强度的比例关系,以获得优化的设计。

8.8 结合式混凝土加铺层结构设计

8.8.1、8.8.2 设置结合式加铺层的主要目的是改善旧混凝土面层的表面功能,或者提高其承载能力或延长其使用寿命。结合式加铺层的厚度较薄,旧面层的接缝和发展性裂缝都会反射到加铺层上。所以,只有当旧混凝土路面结构性能良好,其损坏状况和接缝传荷能力均评定为优良时,才能采用结合式加铺层。

结合式加铺层的厚度小,加铺层与旧混凝土面层的结合便成为这种加铺形式成功的关键。因此,一方面需采取措施彻底清理旧混凝土面层表面的污垢和水泥砂浆体,并使表面粗糙;另一方面需在清理后的表面涂以乳胶和环氧树脂等高强黏结剂,使加铺层与旧混凝土面层黏结为一个整体。

由于加铺层薄,层内不设拉杆和传力杆,加铺层的接缝形式和位置必须与旧混凝土面层完全对应,以防加铺层产生反射裂缝或与旧混凝土面层之间出现层间分离。

8.8.3 结合式加铺层与旧混凝土板黏结在一起,围绕一个共享的中性面弯曲。加铺层处于受压状态,旧混凝土板处于受拉状态。因此,旧混凝土板的应力和混凝土弯拉强度在设计中起控制作用。

8.9 旧沥青路面加铺水泥混凝土路面结构设计

8.9.1~8.9.4 当旧沥青路面已出现较严重的结构性损坏,路面承载能力较差时,选用水泥混凝土路面加铺层结构是一种可行的技术方案,可提高路面的结构承载力、延长路面的使用寿命。

对于旧沥青路面较严重的车辙、拥包等病害应进行铣刨,坑槽和网裂较严重的路段进行结构补强,并设置调平层,再按新建水泥混凝土路面进行加铺层设计。

8.9.5 超薄水泥混凝土加铺层已在美国得到了成功的应用。许多研究表明,当旧沥青路面和水泥混凝土之间黏结状况良好,且旧沥青路面有较强的结构承载力时,超薄水泥混凝土加铺层可以提供一个可靠的、持久的路面。目前在美国主要用于路面车辙严重地区,包括高等级公路的出入口及匝道、城市道路、县乡道路和汽车停车区等。

结合式加铺层的厚度小,加铺层与旧沥青混凝土面层的黏结便成为这种加铺形式成功的关键。因此在完成对旧路面的修补后,需彻底清理旧沥青面层表面的污垢和泥土等,并使表面粗糙。在黏结加铺层之前,务必保持旧路表面的干燥、清洁。

沥青层的刨铣厚度按损坏类型、严重程度及原沥青层的厚度确定。刨铣后的沥青混凝土面层应保留80~100mm的厚度,因为旧路面仍要承担大部分荷载作用。

为降低水泥混凝土板收缩和翘曲所产生的应力,超薄水泥混凝土板的平面尺寸宜为1~2.5m,通常取面板厚度的10~20倍。此外纵缝应尽量避免设计在轮迹带处。

附录 A 交通荷载分析

A.1 交通调查与分析

A.1.1 2 轴 4 轮及以下的客、货运车辆,由于轴重很轻,对路面的损坏作用很轻微,因而可忽略不计。

2 轴 4 轮以上的客、货运车辆可以分为整车、单拖挂车和多拖挂车 3 大类型,并进一步细分为:大型客车、2 轴 6 轮整车、3 轴整车、4 轴或以上整车、4 轴或以下单拖挂车、5 轴单拖挂车、6 轴或以上单拖挂车、5 轴或以下多拖挂车、6 轴多拖挂车、7 轴或以上多拖挂车共 10 类。

A.1.2 在所设计公路交通量双向分布明显时,需通过实测确定 2 轴 6 轮及以上车辆交通量的方向分配系数。在双向分布不明显时,可在 0.5~0.6 范围内酌情选用。

A.1.3 有条件时,通过实测确定 2 轴 6 轮及以上车辆交通量的车道分配系数。表 A.1.3 系依据国内部分公路的实测数据拟订,供无实测条件时参考使用。高速公路由于实行封闭交通,行驶车辆受到非机动车和行人的干扰较少,与非高速公路相比,其车道系数变化范围较小。

A.1.4 2 轴 6 轮及以上车辆交通量的年平均增长率需依据公路等级和功能以及所在地区的经济和交通运输发展情况,通过调查分析后确定,一般变动于 2%~6% 范围内。初期交通量越大,所选用的年平均增长率应越小。所选定的年增长率,应控制设计基准期末的交通量不超出车道通行能力的合理范围。

A.2 轴载调查与分析

A.2.1 轴载调查可采用实地设站测定和利用已有资料两种方法,本节未对调查测定方法作具体规定。

最重轴载是指调查中获得的最重轴重,用于验算和控制水泥混凝土板的极限断裂。对于承受极重交通荷载等级的水泥混凝土路面,应选择该路面所承受货车中占主要份额特重车型的轴载作为设计轴载。所谓占主要份额特重车型是指具有代表性的,并对累计轴次贡献较大的车型。

附录 B 混凝土板应力分析及厚度计算

B.1 力学模型

B.1.1 进行结构分析时采用了下述方案:①基层板与面层板的平面尺寸可以不相等;②荷载应力应用有限元法求解,基层板与面层板采用立方体弹性单元,层间水平光滑、竖向受压连续但不承受拉力;③温度翘曲应力用近似解析法求解,基层板与面层板采用薄板假定,层间为竖向线性弹簧相连。

B.2 弹性地基单层板荷载应力

B.2.2 荷载应力回归式的形式与原规范相同。在混凝土板的相对刚度半径 $r = 0.40 \sim 1.40 \mathrm{m}$ 范围内,用回归式计算荷载应力的相对误差,绝大多数在5%之内。若计入面层应变沿层厚非线性分布,对板厚的平方项 h^2 作式(B-1)的修正,则其相对误差可基本控制在2%之内。

$$\sigma_{\mathrm{ps}} = 1.66 \times 10^{-3} r^{0.79} h^{-2\theta} P_{\mathrm{s}}^{0.94}$$
$$\theta = 1 + 0.07h - 0.6h^2$$
(B-1)

式中:θ——面层应变沿层厚非线性分布的修正系数。

本规范中路基土的弹性模量由形变模量改为回弹模量,原规范中为修正路面结构对荷载的实际响应与理论模型的分析结果之间的差异,而调整板底地基综合当量回弹模量 E_{t}(原规范中称之为基层顶面当量回弹模量)的关系式不再适用,因此,本规范对板底地基综合当量回弹模量 E_{t} 不再修正,而对综合系数作了适当调整。式(B.2.2-2)和以下的其他计算式中,板底地基的综合泊松比取为0.35。

B.2.4 原规范中的基层顶面当量回弹模量计算式,适用于计算半刚性类基层的顶面当量回弹模量,当基、垫层的当量回弹模量与路床回弹模量之比小于5时,精度较差。本规范仅限于换算粒料层顶面当量回弹模量,粒料层的回弹模量与路床回弹模量之比小于5的场合较多,因此,对近似计算式进行了调整,以减少误差。式(B.2.4-1)和式(B.2.4-2)是根据单圆荷载直径0.3m,层间连续,粒料层总厚度 $0.1 \sim 0.5\mathrm{m}$,粒料层回弹模量与路床回弹模量之比小于10的条件,按照荷载中心点挠度等效原则回归得到的。其中,路床、粒料层的泊松比均取0.35。

采用直径 0.3m 单圆荷载,是考虑到施工时基、垫层顶面当量回弹模量可通过落锤式弯沉仪的弯沉测定加以检验的需要。经石灰或水泥稳定处理后的路床回弹模量也可用该式估计。

B.2.5 增加了根据落锤式弯沉仪的弯沉测定结果估算旧柔性路面顶面当量回弹模量计算式,该式直接套用半无限地基上单圆均布荷载中心点弯沉的理论解,其中,代表弯沉按85%分位值取用。

B.3 弹性地基单层板温度应力

B.3.3 原规范中的温度应力系数和温度翘曲应力系数采用诺模图形式给出,本规范改为精度较高的回归计算式,以方便使用和减小查图误差。面层混凝土和地基的徐变系数与原规范的相同,分别为0.85、0.70,并将它们计入温度应力系数 B_L 和温度翘曲应力系数 C_L 之中。

B.4 弹性地基双层板荷载应力

B.4.1 基层宽度比混凝土面层宽出 0.3m 以上。基层超宽对面层板荷载应力有较明显减少作用,但接缝传荷对面层板荷载应力减少效应会有所降低。综合来看,荷载应力总减少量会增大,其规律较复杂。为了方便应用,保持 B.2.1 条推荐的应力折减系数值不变,将平面等尺寸双层板的上层板荷载应力折减5%作为面层板的荷载应力。

B.4.2 接缝传荷对下层板荷载应力的影响较复杂,量值也较小,因此,不予考虑。

B.5 弹性地基双层板温度应力

B.5.2 混凝土面层板的温度翘曲应力系数按 Bradbury 方法,采用有弹性夹层的弹性地基双层梁模型得到理论解,并进行了适当地近似简化。有沥青混凝土夹层的竖向弹簧刚度,按温度日变化周期、高温度应力时夹层温度,以及所推荐的夹层厚度,其值在2 000～4 000MPa/m之间变化,对温度应力计算结果影响不大,为此,取统一值 3 000MPa/m。

B.6 复合板应力

B.6.1 两种不同力学性能材料组成的层间连续的面层结构,上面层往往具有更佳的使用性能,例如,新混凝土加铺层,舒适性好的沥青混凝土,低噪声的橡胶混凝土、多孔混凝土,耐磨高强的钢纤维混凝土,黏结性好的聚合物混凝土等。在原规范中此类结构称之为"结合式双层板"。本规范将其归入面层复合板。

B.6.3 基层复合板的弯曲刚度和基层应力公式是按层间光滑的叠合薄板推导出的。

B.7 混凝土板厚度计算示例

示例1 粒料基层上混凝土面板厚度计算

公路自然区划Ⅱ区拟新建一条二级公路,路面宽7m,路基为低液限黏土,路床顶距地下水位平均1.2m,当地的粗集料以花岗岩为主。拟采用普通混凝土路面。经交通调查得知,设计轴载P_s=100kN,最重轴载P_m=150kN,设计车道使用初期设计轴载的日作用次数为100次,交通量年平均增长率为5%。

(1) 交通分析

由表3.0.1,二级公路的设计基准期为20年,安全等级为二级。由附录A表A.2.4,临界荷位处的车辆轮迹横向分布系数取0.62。按式(A.2.4)计算得到设计基准期内设计车道设计轴载累计作用次数:

$$N_e = \frac{N_s \times [(1+g_r)^t - 1] \times 365}{g_r} \times \eta = \frac{100 \times [(1+0.05)^{20} - 1] \times 365}{0.05} \times 0.62 = 74.8 \times 10^4 \text{次}$$

由表3.0.7可知,属中等交通荷载等级。

(2) 初拟路面结构

由表3.0.2,施工质量变异水平选择中级。根据二级公路、中等交通荷载等级和中级变异水平,查表4-3,初拟普通混凝土面层厚度为0.23m,基层选用级配碎石,厚0.20m。普通混凝土板的平面尺寸4.5m×3.5m,纵缝为设拉杆平缝,横缝为不设传力杆的假缝,路肩面层与行车道面层等厚并设拉杆相连。

(3) 路面材料参数确定

按表3.0.8,取普通混凝土面层的弯拉强度标准值为4.5MPa,相应弯拉弹性模量与泊松比为29GPa、0.15。查附录E表E.0.3-2,粗集料为花岗岩的混凝土线膨胀系数$\alpha_c = 10 \times 10^{-6}/℃$。

查表E.0.1-1,取低液限黏土路基回弹模量80MPa。查表E.0.1-2,取距地下水位1.2m时的湿度调整系数为0.75,由此得到路床顶综合回弹模量为80×0.75=60MPa。查表E.0.2-1,取级配碎石基层回弹模量为300MPa。按附录B式(B.2.4-1)~式(B.2.4-4)计算板底地基当量回弹模量如下:

$$E_x = \sum_{i=1}^{n}(h_i^2 E_i) \Big/ \sum_{i=1}^{n} h_i^2 = \frac{h_1^2 E_1}{h_1^2} = 300 \text{MPa}$$

$$h_x = \sum_{i=1}^{n} h_i = h_1 = 0.20 \text{m}$$

$$\alpha = 0.26 \ln(h_x) + 0.86 = 0.26 \times \ln(0.20) + 0.86 = 0.442$$

$$E_t = \left(\frac{E_x}{E_0}\right)^\alpha E_0 = \left(\frac{300}{60}\right)^{0.442} \times 60 = 122.2 \text{MPa}$$

板底地基当量回弹模量 E_t 取为 120MPa。

普通混凝土面层的弯曲刚度 D_c 按式(B.2.2-3)计算,相对刚度半径 r 按式(B.2.2-2)计算。

$$D_c = \frac{E_c h_c^3}{12(1-\nu_c^2)} = \frac{29\,000 \times 0.23^3}{12 \times (1-0.15^2)} = 30.1 \text{MN} \cdot \text{m}$$

$$r = 1.21\left(\frac{D_c}{E_t}\right)^{1/3} = 1.21 \times \left(\frac{30.1}{120}\right)^{1/3} = 0.763\text{m}$$

(4)荷载应力

按式(B.2.2-1)计算设计轴载和最重荷载在临界荷位处产生的荷载应力:

$$\sigma_{ps} = 1.47 \times 10^{-3} r^{0.70} h_c^{-2} P_s^{0.94} = 1.47 \times 10^{-3} \times 0.763^{0.70} \times 0.23^{-2} \times 100^{0.94} = 1.744\text{MPa}$$

$$\sigma_{pm} = 1.47 \times 10^{-3} r^{0.70} h_c^{-2} P_m^{0.94} = 1.47 \times 10^{-3} \times 0.763^{0.70} \times 0.23^{-2} \times 150^{0.94} = 2.554\text{MPa}$$

按式(B.2.1)计算荷载疲劳应力,按式(B.2.6)计算最大荷载应力:

$$\sigma_{pr} = k_r k_f k_c \sigma_{ps} = 0.87 \times 2.162 \times 1.05 \times 1.744 = 3.44\text{MPa}$$

$$\sigma_{p,\max} = k_r k_c \sigma_{pm} = 0.87 \times 1.05 \times 2.554 = 2.33\text{MPa}$$

其中,考虑接缝传荷能力的应力折减系数 $k_r = 0.87$(B.2.1条);综合系数 $k_c = 1.05$(表B.2.1);疲劳应力系数 $k_f = N_e^\lambda = (74.8 \times 10^4)^{0.057} = 2.162$[式(B.2.3-1)]。

(5)温度应力

由表3.0.10,最大温度梯度取88℃/m。按式(B.3.3-1)~式(B.3.3-3)计算综合温度翘曲应力和内应力的温度应力系数 B_L。

$$t = \frac{L}{3r} = \frac{4.5}{3 \times 0.763} = 1.97$$

$$C_L = 1 - \frac{\sinh(1.97)\cos(1.97) + \cosh(1.97)\sin(1.97)}{\cos(1.97)\sin(1.97) + \sinh(1.97)\cosh(1.97)} = 1 - 0.162 = 0.838$$

$$B_L = 1.77e^{-4.48h_c} \times C_L - 0.131(1-C_L) = 1.77e^{-4.48 \times 0.23} \times 0.838 - 0.131 \times (1-0.838)$$
$$= 0.508$$

按式(B.3.2)计算最大温度应力:

$$\sigma_{t,\max} = \frac{\alpha_c E_c h_c T_g}{2} B_L = \frac{10^{-5} \times 29\,000 \times 0.23 \times 88}{2} \times 0.508 = 1.49\text{MPa}$$

温度疲劳应力系数 k_t 按式(B.3.4)计算。

$$k_t = \frac{f_r}{\sigma_{t,\max}}\left[a_t\left(\frac{\sigma_{t,\max}}{f_r}\right)^{b_t} - c_t\right] = \frac{4.5}{1.491}\left[0.828 \times \left(\frac{1.491}{4.5}\right)^{1.323} - 0.041\right] = 0.46$$

再由式(B.3.1)计算温度疲劳应力:

$$\sigma_{tr} = k_t \sigma_{t,\max} = 0.46 \times 1.49 = 0.69\text{MPa}$$

(6)结构极限状态校核

查表3.0.1并参照条文说明表3-1,二级公路、中等变异水平条件下的可靠度系数 γ_r 取1.13。

按式(3.0.4-1)和式(3.0.4-2)校核路面结构极限状态是否满足要求。

$$\gamma_r(\sigma_{pr} + \sigma_{tr}) = 1.13 \times (3.44 + 0.69) = 4.67 > f_r = 4.5\text{MPa}$$

$$\gamma_r(\sigma_{p,\max}+\sigma_{t,\max})=1.13\times(2.33+1.49)=4.32\leqslant f_r=4.5\text{MPa}$$

显然,初拟的路面结构不能满足要求。将混凝土面层厚度增至 0.24m。重复以上计算,得到荷载疲劳应力 $\sigma_{pr}=3.26\text{MPa}$,最大荷载应力 $\sigma_{p,\max}=2.21\text{MPa}$,最大温度应力 $\sigma_{t,\max}=1.47\text{MPa}$,温度疲劳应力 $\sigma_{tr}=0.67\text{MPa}$,然后再进行结构极限状态验算。

$$\gamma_r(\sigma_{pr}+\sigma_{tr})=1.13\times(3.26+0.67)=4.46\leqslant f_r=4.5\text{MPa}$$

$$\gamma_r(\sigma_{p,\max}+\sigma_{t,\max})=1.13\times(2.21+1.47)=4.16\leqslant f_r=4.5\text{MPa}$$

满足结构极限状态要求,所选的普通混凝土面层计算厚度 0.24m 可以承受设计基准期内设计轴载荷载和温度梯度的综合疲劳作用,以及最重轴载在最大温度梯度时的一次极限作用。取设计厚度为 0.25m。

示例 2　水泥稳定粒料基层上混凝土面板厚度计算

公路自然区划Ⅳ区新建一条一级公路,路基土为低液限粉土,路床顶距地下水位 1.0m,当地粗集料以砾石为主。拟采用普通混凝土面层,基层采用水泥稳定砂砾。经交通调查分析得知,设计轴载为 $P_s=100\text{kN}$,最重轴载 $P_m=180\text{kN}$,设计车道使用初期标准轴载日作用次数为 3 200,交通量年平均增长率为 5%。

(1)交通分析

由表 3.0.1,一级公路的设计基准期为 30 年,安全等级为一级。由附录表 A.2.4,临界荷位处的车辆轮迹横向分布系数取 0.22。按式(A.2.4)计算得到设计基准期内设计车道标准荷载累计作用次数:

$$N_e=\frac{N_s\times[(1+g_r)^t-1]\times365}{g_r}\times\eta=\frac{3\,200\times[(1+0.05)^{30}-1]\times365}{0.05}\times0.22=1\,707\times10^4\text{次}$$

由表 3.0.7 可知,属重交通荷载等级。

(2)初拟路面结构

施工变异水平取低等级。根据一级公路重交通荷载等级和低变异水平等级,查表 4-3,初拟普通混凝土面层厚度为 0.26m,水泥稳定砂砾基层 0.20m,底基层选用级配砾石,厚 0.18m。单向路幅宽度为 2×3.75m(行车道)+2.75m(硬路肩),行车道水泥混凝土面层板平面尺寸取 5.0m×3.75m,纵缝为设拉杆平缝,横缝为设传力杆的假缝。硬路肩面层采用与行车道面层等厚的混凝土,并设拉杆与行车道板相连。

(3)路面材料参数确定

按表 3.0.8 和附录 E.0.3,取普通混凝土面层的弯拉强度标准值为 5.0MPa,相应的弯拉弹性模量与泊松比为 31GPa、0.15。砾石粗集料混凝土的线膨胀系数 $\alpha_c=11\times10^{-6}/℃$。

查表 E.0.1-1,取低液限粉土的回弹模量为 100MPa。查表 E.0.1-2,取距地下水位 1.0m 时的湿度调整系数为 0.80。由此,路床顶综合回弹模量取为 100×0.80 = 80MPa。查附录 E.0.2,水泥稳定砂砾基层的弹性模量取 2 000MPa,泊松比取 0.20,级配砾石底基层回弹模量取 250MPa,泊松比取 0.35。

按式(B.2.4-1)~式(B.2.4-4)计算板底地基综合回弹模量如下:

$$E_x = \sum_{i=1}^{n}(h_i^2 E_i) \Big/ \sum_{i=1}^{n} h_i^2 = \frac{h_1^2 E_1}{h_1^2} = 250\text{MPa}$$

$$h_x = \sum_{i=1}^{n} h_i = h_1 = 0.18\text{m}$$

$$\alpha = 0.26\ln(h_x) + 0.86 = 0.26 \times \ln(0.18) + 0.86 = 0.414$$

$$E_t = \left(\frac{E_x}{E_0}\right)^{\alpha} E_0 = \left(\frac{250}{80}\right)^{0.414} \times 80 = 128.2\text{MPa}$$

板底地基综合回弹模量 E_t 取为 125MPa。

混凝土面层板的弯曲刚度 D_c[式(B.2.2-3)]、半刚性基层板的弯曲刚度 D_b[式(B.4.1-2)]、路面结构总相对刚度半径 r_g[式(B.4.1-3)]为：

$$D_c = \frac{E_c h_c^3}{12(1-\nu_c^2)} = \frac{31\,000 \times 0.26^3}{12 \times (1-0.15^2)} = 46.4\text{MN}\cdot\text{m}$$

$$D_b = \frac{E_b h_b^3}{12(1-\nu_b^2)} = \frac{2\,000 \times 0.20^3}{12 \times (1-0.20^2)} = 1.39\text{MN}\cdot\text{m}$$

$$r_g = 1.21\left(\frac{D_c + D_b}{E_t}\right)^{1/3} = 1.21 \times \left(\frac{46.4 + 1.39}{125}\right)^{1/3} = 0.878\text{m}$$

(4) 荷载应力

按式(B.4.1-1)，标准轴载和极限荷载在临界荷位处产生的荷载应力为：

$$\sigma_{ps} = \frac{1.45 \times 10^{-3}}{1+D_b/D_c} r_g^{0.65} h_c^{-2} P_s^{0.94} = \frac{1.45 \times 10^{-3}}{1+\frac{1.39}{46.4}} \times 0.878^{0.65} \times 0.26^{-2} \times 100^{0.94} = 1.452\text{MPa}$$

$$\sigma_{pm} = \frac{1.45 \times 10^{-3}}{1+D_b/D_c} r_g^{0.65} h_c^{-2} P_m^{0.94} = \frac{1.45 \times 10^{-3}}{1+\frac{1.39}{46.4}} \times 0.878^{0.65} \times 0.26^{-2} \times 180^{0.94} = 2.522\text{MPa}$$

按式(B.2.1)计算面层荷载疲劳应力，按式(B.2.6)计算面层最大荷载应力。

$$\sigma_{pr} = k_r k_f k_e \sigma_{ps} = 0.87 \times 2.584 \times 1.10 \times 1.452 = 3.59\text{MPa}$$

$$\sigma_{p,\max} = k_r k_e \sigma_{pm} = 0.87 \times 1.10 \times 2.522 = 2.41\text{MPa}$$

其中：应力折减系数 $k_r = 0.87$(B.2.1 条)；综合系数 $k_e = 1.10$(表 B.2.1)；疲劳应力系数 $k_f = N_e^{\lambda} = (1\,707 \times 10^4)^{0.057} = 2.584$[式(B.2.3-1)]。

(5) 温度应力

由表 3.0.10，最大温度梯度取 92 ℃/m。按 B.3.3 和 B.5.2 计算综合温度翘曲应力和内应力的温度应力系数 B_L。

$$k_n = \frac{1}{2}\left(\frac{h_c}{E_c} + \frac{h_b}{E_b}\right)^{-1} = \frac{1}{2}\left(\frac{0.26}{31\,000} + \frac{0.20}{2\,000}\right)^{-1} = 4\,613\text{MPa/m}$$

$$r_{\beta} = \left[\frac{D_c D_b}{(D_c + D_b)k_n}\right]^{1/4} = \left[\frac{46.4 \times 1.39}{(46.4 + 1.39) \times 4\,613}\right]^{1/4} = 0.131\text{m}$$

$$\xi = -\frac{(k_n r_g^4 - D_c)r_{\beta}^3}{(k_n r_{\beta}^4 - D_c)r_g^3} = -\frac{(4\,613 \times 0.878^4 - 46.4) \times 0.131^3}{(4\,613 \times 0.131^4 - 46.4) \times 0.878^3} = 0.199$$

$$t = \frac{L}{3r_g} = \frac{5.0}{3 \times 0.878} = 1.90$$

$$C_L = 1 - \left(\frac{1}{1+\xi}\right)\frac{\sinh(1.90)\cos(1.90) + \cosh(1.90)\sin(1.90)}{\cos(1.90)\sin(1.90) + \sinh(1.90)\cosh(1.90)} = 1 - \frac{0.200}{1+0.199} = 0.833$$

$$B_L = 1.77e^{-4.48h_c} \times C_L - 0.131(1-C_L) = 1.77e^{-4.48 \times 0.26} \times 0.833 - 0.131 \times (1-0.833)$$
$$= 0.438$$

按式(B.3.2)计算面层最大温度应力：

$$\sigma_{t,\max} = \frac{\alpha_c E_c h_c T_g}{2} B_L = \frac{11 \times 10^{-6} \times 31\,000 \times 0.26 \times 92}{2} \times 0.438 = 1.79\text{MPa}$$

温度疲劳应力系数k_t，按式(B.3.4)计算：

$$k_t = \frac{f_r}{\sigma_{t,\max}}\left[a_t\left(\frac{\sigma_{t,\max}}{f_r}\right)^{b_t} - c_t\right] = \frac{5.0}{1.79}\left[0.841 \times \left(\frac{1.79}{5.0}\right)^{1.323} - 0.058\right] = 0.442$$

按式(B.3.1)计算温度疲劳应力：

$$\sigma_{tr} = k_t \sigma_{t,\max} = 0.442 \times 1.79 = 0.79\text{MPa}$$

（6）结构极限状态校核

参照条文说明表3-1，一级安全等级，低变异水平条件下，可靠度系数γ_r取1.14。按式(3.0.4-1)和式(3.0.4-2)校核路面结构极限状态是否满足要求：

$$\gamma_r(\sigma_{pr} + \sigma_{tr}) = 1.14 \times (3.59 + 0.79) = 4.99 \leqslant f_r = 5.0\text{MPa}$$

$$\gamma_r(\sigma_{p,\max} + \sigma_{t,\max}) = 1.14 \times (2.41 + 1.79) = 4.79 \leqslant f_r = 5.0\text{MPa}$$

拟定的由计算厚度0.26m的普通混凝土面层和厚度0.20m的水泥稳定砂砾基层组成的路面结构满足要求，可以承受设计基准期内荷载应力和温度应力的综合疲劳作用，以及最重轴载在最大温度梯度时的一次作用。取混凝土面层设计厚度为0.27m。

示例3 碾压混凝土基层上混凝土面板厚度计算

公路自然区划Ⅲ区新建一条高速公路，单向三车道，行车道宽11.75m。路基土为黄土(低液限粉土)，路床顶距地下水位2.0m，当地粗集料主要为花岗岩。拟采用碾压混凝土做基层。经交通调查分析得知，设计轴载$P_s = 100$kN，最重轴载$P_m = 250$kN，设计车道使用初期设计轴载日作用次数为42 000，交通量年平均增长率为7%。

（1）交通分析

由表3.0.1，高速公路的设计基准期为30年，安全等级为一级。由表A.2.4，临界荷位处的车辆轮迹横向分布系数取0.22。按式(A.2.4)计算得到设计基准期内设计车道标准荷载累计作用次数：

$$N_e = \frac{N_s \times [(1+g_r)^t - 1] \times 365}{g_r} \times \eta = \frac{42\,000 \times [(1+0.07)^{30} - 1] \times 365}{0.07} \times 0.22 = 3.186 \times 10^8 \text{次}$$

由表3.0.7可知，属特重交通荷载等级。

（2）初拟路面结构

由表3.0.1，相应于安全等级一级的变异水平等级宜为低级。根据高速公路特重交通荷载等级和低变异水平等级,查表4-3,初拟普通混凝土面层厚度为0.30m,碾压混凝土基层0.18m,面层与基层之间设置40mm厚的沥青混凝土夹层,底基层选用级配碎石,厚0.20m。水泥混凝土上面层板的平面尺寸:长为5.0m,宽从中央分隔带至路肩依次为4m、4m、3.75m。纵缝为设拉杆平缝,横缝为设传力杆的假缝。碾压混凝土设纵缝一条、横缝间距5m。硬路肩宽3.50m,采用与行车道等厚混凝土并设拉杆与行车道板相连。

(3)路面材料参数确定

按表3.0.8和附录E.0.3,取普通混凝土面层的弯拉强度标准值为5.0MPa,相应弯拉弹性模量和泊松比取31GPa、0.15;碾压混凝土弯拉强度标准值为4.0MPa,相应弯拉弹性模量、泊松比为27GPa、0.15。花岗岩为粗集料的混凝土热膨胀系数 $\alpha_c = 10 \times 10^{-6}/℃$。

查表E.0.1-1取低液限粉土的回弹模量为95MPa。查表E.0.1-2,取距地下水位2.0m时的湿度调整系数为0.85,由此得到路床顶综合回弹模量为 $95 \times 0.85 = 80$MPa。查附录E.0.2,级配碎石底基层回弹模量取250MPa。按式(B.2.4)计算板底地基综合当量回弹模量如下:

$$E_x = \sum_{i=1}^{n}(h_i^2 E_i) \Big/ \sum_{i=1}^{n} h_i^2 = \frac{h_1^2 E_1}{h_1^2} = 250\text{MPa}$$

$$h_x = \sum_{i=1}^{n} h_i = h_1 = 0.20\text{m}$$

$$\alpha = 0.26\ln(h_x) + 0.86 = 0.26 \times \ln(0.20) + 0.86 = 0.442$$

$$E_t = \left(\frac{E_x}{E_0}\right)^\alpha E_0 = \left(\frac{250}{80}\right)^{0.442} \times 80 = 132.4\text{MPa}$$

板底地基综合当量回弹模量 E_t 取为130MPa。

混凝土面层板的弯曲刚度 D_c [式(B.2.2-3)]、半刚性基层板的弯曲刚度 D_b [式(B.4.1-2)],路面结构总相对刚度半径 r_g [式(B.4.1-3)]为:

$$D_c = \frac{E_c h_c^3}{12(1-\nu_c^2)} = \frac{31\,000 \times 0.30^3}{12 \times (1-0.15^2)} = 71.4\text{MN·m}$$

$$D_b = \frac{E_b h_b^3}{12(1-\nu_b^2)} = \frac{27\,000 \times 0.18^3}{12 \times (1-0.15^2)} = 13.4\text{MN·m}$$

$$r_g = 1.21\left(\frac{D_c + D_b}{E_t}\right)^{1/3} = 1.21 \times \left(\frac{71.4+13.4}{130}\right)^{1/3} = 1.049\text{m}$$

(4)荷载应力

按式(B.4.1-1)、式(B.4.2-2),标准轴载和最重荷载在临界荷位处产生的荷载应力计算如下:

$$\sigma_{ps} = \frac{1.45 \times 10^{-3}}{1+\dfrac{D_b}{D_c}} r_g^{0.65} h_c^{-2} P_s^{0.94} = \frac{1.45 \times 10^{-3}}{1+\dfrac{13.4}{71.4}} \times 1.049^{0.65} \times 0.30^{-2} \times 100^{0.94} = 1.062\text{MPa}$$

$$\sigma_{pm} = \frac{1.45 \times 10^{-3}}{1+\dfrac{D_b}{D_c}} r_g^{0.65} h_c^{-2} P_m^{0.94} = \frac{1.45 \times 10^{-3}}{1+\dfrac{13.4}{71.4}} \times 1.049^{0.65} \times 0.30^{-2} \times 250^{0.94} = 2.512\text{MPa}$$

$$\sigma_{bps} = \frac{1.41 \times 10^{-3}}{1 + \frac{D_c}{D_b}} r_g^{0.68} h_b^{-2} P_s^{0.94} = \frac{1.41 \times 10^{-3}}{1 + \frac{71.4}{13.4}} \times 1.049^{0.68} \times 0.18^{-2} \times 100^{0.94} = 0.539 \text{MPa}$$

按式(B.2.1)计算面层荷载疲劳应力：

$$\sigma_{pr} = k_r k_f k_c \sigma_{ps} = 0.87 \times 3.053 \times 1.15 \times 1.062 = 3.24 \text{MPa}$$

按式(B.2.6)计算面层最大荷载应力：

$$\sigma_{p,\max} = k_r k_c \sigma_{pm} = 0.87 \times 1.15 \times 2.512 = 2.51 \text{MPa}$$

按式(B.4.2-1)计算基层荷载疲劳应力：

$$\sigma_{bpr} = k_f k_c \sigma_{bps} = 3.570 \times 1.15 \times 0.539 = 2.21 \text{MPa}$$

其中：接缝传荷应力折减系数 $k_r = 0.87$ (B.2.1条)；综合系数 $k_c = 1.15$ (表B.2.1)；

面层疲劳应力系数 $k_f = N_e^\lambda = (3.186 \times 10^8)^{0.057} = 3.053$ [式(B.2.3-1)]；

基层疲劳应力系数 $k_f = N_e^\lambda = (3.186 \times 10^8)^{0.065} = 3.570$ [式(B.2.3-1)]。

(5)温度应力

由表3.0.10，最大温度梯度取90 ℃/m。按B.5.2条，面层与基层之间（设沥青混凝土夹层）的竖向接触刚度 k_n 取3 000MPa/m。按B.3.3条、B.5.2条计算综合温度翘曲应力和内应力的温度应力系数 B_L：

$$r_\beta = \left[\frac{D_c D_b}{(D_c + D_b) k_n} \right]^{1/4} = \left[\frac{71.4 \times 13.4}{(71.4 + 13.4) \times 3\,000} \right]^{1/4} = 0.248 \text{m}$$

$$\xi = -\frac{(k_n r_g^4 - D_c) r_\beta^3}{(k_n r_\beta^4 - D_c) r_g^3} = -\frac{(3\,000 \times 1.049^4 - 71.4) \times 0.248^3}{(3\,000 \times 0.248^4 - 71.4) \times 1.049^3} = 0.784$$

$$t = \frac{L}{3 r_g} = \frac{5.0}{3 \times 1.049} = 1.59$$

$$C_L = 1 - \left(\frac{1}{1+\xi} \right) \frac{\sinh(1.59)\cos(1.59) + \cosh(1.59)\sin(1.59)}{\cos(1.59)\sin(1.59) + \sinh(1.59)\cosh(1.59)} = 1 - \frac{0.419}{1+0.784} = 0.765$$

$$B_L = 1.77 e^{-4.48 h_c} \times C_L - 0.131(1 - C_L) = 1.77 e^{-4.48 \times 0.30} \times 0.764 - 0.131 \times (1 - 0.764)$$
$$= 0.322$$

按式(B.3.2)计算面层最大温度应力：

$$\sigma_{t,\max} = \frac{\alpha_c E_c h_c T_g}{2} B_L = \frac{10 \times 10^{-6} \times 31\,000 \times 0.30 \times 90}{2} \times 0.322 = 1.35 \text{MPa}$$

温度疲劳应力系数 k_t，按式(B.3.4)计算：

$$k_t = \frac{f_r}{\sigma_{t,\max}} \left[a_t \left(\frac{\sigma_{t,\max}}{f_r} \right)^{b_t} - c_t \right] = \frac{5.0}{1.35} \left[0.855 \times \left(\frac{1.35}{5.0} \right)^{1.355} - 0.041 \right] = 0.385$$

再由式(B.3.1)计算温度疲劳应力为：

$$\sigma_{tr} = k_t \sigma_{t,\max} = 0.385 \times 1.35 = 0.52 \text{MPa}$$

(6)结构极限状态校核

参照条文说明表3-1，确定可靠度系数 $\gamma_r = 1.30$。按式(3.0.4-1)和式(3.0.4-2)校核路面结构极限状态是否满足要求：

$$\gamma_r(\sigma_{pr}+\sigma_{tr})=1.30\times(3.24+0.52)=4.89\leqslant f_r=5.0\text{MPa}$$
$$\gamma_r(\sigma_{p,\max}+\sigma_{t,\max})=1.30\times(2.51+1.35)=5.02\approx5.0\leqslant f_r=5.0\text{MPa}$$
$$\gamma_r\sigma_{bpr}=1.30\times2.21=2.87\leqslant f_{br}=4.0\text{MPa}$$

所拟路面结构满足车辆荷载和温度梯度的综合疲劳作用,最重轴载在最大温度梯度时的一次作用产生结构应力与混凝土弯曲强度相当。取混凝土面层设计厚度为0.31m,贫混凝土基层设计厚度为0.18m,沥青混凝土夹层设计厚度0.04m。

示例4 面层复合板的厚度计算

公路自然区划Ⅱ区某一城市新建一条穿城四车道一级公路,路基土为低液限黏土,路床顶距地下水位0.9m,地区粗集料为石灰岩。拟采用面层复合板:低噪声的橡胶水泥混凝土上面层+普通混凝土下面层,基层选用水泥稳定碎石。经交通调查分析得知,设计轴载$P_s=100\text{kN}$,极限轴载$P_m=180\text{kN}$,设计车道使用初期标准轴载日作用次数为750,交通量年平均增长率为5%。

(1)交通分析

由表3.0.1,一级公路的设计基准期为30年,安全等级为二级。由表A.2.4,临界荷位处的车辆轮迹横向分布系数取0.22。按式(A.2.4)计算得到设计基准期内设计车道标准荷载累计作用次数:

$$N_e=\frac{N_s\times[(1+g_r)^t-1]\times365}{g_r}\times\eta=\frac{750\times[(1+0.05)^{30}-1]\times365}{0.05}\times0.22=400\times10^4\text{次}$$

由表3.0.7可知,属重交通荷载等级。

(2)初拟路面结构

由表3.0.1,相应于安全等级二级的变异水平等级为低~中级。根据一级公路重交通荷载等级和中等变异水平等级,查表4-3,初拟面层复合板厚度为0.25m,其中,橡胶水泥混凝土上面层厚0.08m,普通水泥混凝土下面层厚0.17m,水泥稳定碎石基层0.20m,底基层选用级配砾石,厚0.20m。行车道水泥混凝土路面板的平面尺寸为5.0m×3.75m,纵缝为设拉杆平缝,横缝为设传力杆的假缝。硬路肩宽3.0m,采用与行车道等厚普通混凝土面层,并设拉杆与行车道板相连。

(3)路面材料参数确定

按表3.0.8,和附录E.0.3,取普通混凝土面层的弯拉强度标准值为5.0MPa,相应弯拉弹性模量和泊松比为31GPa、0.15;橡胶水泥混凝土弯拉强度标准值为4.5MPa,弯拉弹性模量和泊松比为27GPa、0.15。粗集料为石灰石的混凝土热膨胀系数$\alpha_c=8\times10^{-6}/\text{℃}$。

查表E.0.1-1,取低液限黏土回弹模量为85MPa。查表E.0.1-2,取距地下水位0.9m时的湿度调整系数为0.70。由此,路床顶综合回弹模量为$85\times0.70=60\text{MPa}$。查附录E.0.2,水泥稳定碎石基层弹性模量取2 000MPa,泊松比取0.20;级配砾石底基层回弹模量取250MPa,泊松比取0.35。

按式(B.2.4)计算板底地基综合回弹模量如下:

$$E_x = \sum_{i=1}^n (h_i^2 E_i) \Big/ \sum_{i=1}^n h_i^2 = \frac{h_1^2 E_1}{h_1^2} = 250\text{MPa}$$

$$h_x = \sum_{i=1}^n h_i = h_1 = 0.20\text{m}$$

$$\alpha = 0.26\ln(h_x) + 0.86 = 0.26 \times \ln(0.20) + 0.86 = 0.442$$

$$E_t = \left(\frac{E_1}{E_0}\right)^\alpha E_0 = \left(\frac{250}{60}\right)^{0.442} \times 60 = 112.7\text{MPa}$$

板底地基综合回弹模量 E_t 取为 110 MPa。

混凝土面层复合板的等效弯曲刚度 $\widetilde{D}_c$ [式(B.6.1-1)]、$\widetilde{h}_c$ 等效厚度[式(B.6.1-2)]、半刚性基层板的弯曲刚度 D_b [式(B.4.1-2)]、路面结构总相对刚度半径 r_g [式(B.4.1-3)]计算如下：

$$\widetilde{D}_c = \frac{E_{c1}h_{c1}^3 + E_{c2}h_{c2}^3}{12(1-\nu_{c2}^2)} + \frac{(h_{c1}+h_{c2})^2}{4(1-\nu_{c2}^2)}\left(\frac{1}{E_{c1}h_{c1}} + \frac{1}{E_{c2}h_{c2}}\right)^{-1}$$

$$= \frac{27\,000 \times 0.08^3 + 31\,000 \times 0.17^3}{12(1-0.15^2)} + \frac{(0.08+0.17)^2}{4(1-0.15^2)}\left(\frac{1}{27\,000 \times 0.08} + \frac{1}{31\,000 \times 0.17}\right)^{-1}$$

$$= 38.7\text{MN}\cdot\text{m}$$

$$d_x = \frac{1}{2}\left[h_{c2} + \frac{E_{c1}h_{c1}(h_{c1}+h_{c2})}{E_{c1}h_{c1}+E_{c2}h_{c2}}\right] = \frac{1}{2}\left[0.17 + \frac{27\,000 \times 0.08 \times (0.08+0.17)}{27\,000 \times 0.08 + 31\,000 \times 0.17}\right] = 0.121\text{m}$$

$$\widetilde{h}_c = 2.42\sqrt{\frac{\widetilde{D}_c}{E_{c2}d_x}} = 0.246\text{m}$$

$$D_b = \frac{E_b h_b^3}{12(1-\nu_b^2)} = \frac{2\,000 \times 0.20^3}{12 \times (1-0.20^2)} = 1.39\text{MN}\cdot\text{m}$$

$$r_g = 1.21\left(\frac{\widetilde{D}_c + D_b}{E_t}\right)^{1/3} = 1.21 \times \left(\frac{38.7+1.39}{110}\right)^{1/3} = 0.864\text{m}$$

(4) 荷载疲劳应力

按式(B.4.1-1)和式(B.6.1-1)，计算设计轴载和最重荷载在临界荷位处产生的荷载应力：

$$\sigma_{ps} = \frac{1.45 \times 10^{-3}}{1 + \dfrac{D_b}{\widetilde{D}_c}} r_g^{0.65} \widetilde{h}_c^{-2} P_s^{0.94} = \frac{1.45 \times 10^{-3}}{1 + \dfrac{1.39}{38.7}} \times 0.864^{0.65} \times 0.246^{-2} \times 100^{0.94} = 1.596\text{MPa}$$

$$\sigma_{pm} = \frac{1.45 \times 10^{-3}}{1 + \dfrac{D_b}{\widetilde{D}_c}} r_g^{0.65} \widetilde{h}_c^{-2} P_s^{0.94} = \frac{1.45 \times 10^{-3}}{1 + \dfrac{1.39}{38.7}} \times 0.864^{0.65} \times 0.246^{-2} \times 180^{0.94} = 2.772\text{MPa}$$

按式(B.2.1)计算面层复合板荷载疲劳应力，按式(B.2.6)计算面层复合板最大荷载应力：

$$\sigma_{pr} = k_r k_f k_c \sigma_{ps} = 0.87 \times 2.379 \times 1.10 \times 1.596 = 3.63\text{MPa}$$

$$\sigma_{p,\max} = k_r k_c \sigma_{pm} = 0.87 \times 1.10 \times 2.772 = 2.65\text{MPa}$$

其中：接缝传荷能力的应力折减系数 $k_r = 0.87$ (B.2.1条)；综合系数 $k_c = 1.10$ (表 B.2.1)；

面层疲劳应力系数 $k_f = N_e^\lambda = (400 \times 10^4)^{0.057} = 2.379$ [式(B.2.3-1)]。

（5）温度应力

由表3.0.10，最大温度梯度取84 ℃/m。按B.3.3条、B.5.2条计算综合温度翘曲应力和内应力的温度应力系数 B_L：

$$k_n = \frac{1}{2}\left(\frac{\tilde{h}_c}{E_c} + \frac{h_b}{E_b}\right)^{-1} = \frac{1}{2}\left(\frac{0.245}{31\,000} + \frac{0.20}{2\,000}\right)^{-1} = 4\,634\,\text{MPa/m}$$

$$r_\beta = \left[\frac{\tilde{D}_c D_b}{(\tilde{D}_c + D_b)k_n}\right]^{1/4} = \left[\frac{38.7 \times 1.39}{(38.7 + 1.39) \times 4\,634}\right]^{1/4} = 0.130\,\text{m}$$

$$\xi = -\frac{(k_n r_g^4 - \tilde{D}_c)r_\beta^3}{(k_n r_\beta^4 - \tilde{D}_c)r_g^3} = -\frac{(4\,634 \times 0.864^4 - 38.7) \times 0.130^3}{(4\,634 \times 0.130^4 - 38.7) \times 0.864^3} = 0.232$$

$$t = \frac{L}{3r_g} = \frac{5.0}{3 \times 0.864} = 1.93$$

$$C_L = 1 - \left(\frac{1}{1+\xi}\right)\frac{\sinh(1.93)\cos(1.93) + \cosh(1.93)\sin(1.93)}{\cos(1.93)\sin(1.93) + \sinh(1.93)\cosh(1.93)} = 1 - \frac{0.183}{1 + 0.232} = 0.851$$

$$B_L = 1.77e^{-4.48(h_{c1}+h_{c2})} \times C_L - 0.131(1 - C_L) = 1.77e^{-4.48 \times 0.25} \times 0.851 - 0.131 \times (1 - 0.851) = 0.472$$

按式(B.6.2-1)、式(B.6.2-2)计算面层复合板最大温度应力：

$$\zeta = 1.77 - 0.27\ln\left(\frac{h_{c1}E_{c1}}{h_{c2}E_{c2}} + 18\frac{E_{c1}}{E_{c2}} - 2\frac{h_{c1}}{h_{c2}}\right)$$
$$= 1.77 - 0.27 \times \ln\left(\frac{0.08 \times 27\,000}{0.17 \times 31\,000} + 18 \times \frac{27\,000}{31\,000} - 2 \times \frac{0.08}{0.17}\right) = 1.036$$

$$\sigma_{t,\max} = \frac{\alpha_c T_g E_{c2}(h_{c1} + h_{c2})}{2}B_L\zeta = \frac{8 \times 10^{-6} \times 84 \times 31\,000 \times (0.08 + 0.17)}{2} \times 0.472 \times 1.036 = 1.27\,\text{MPa}$$

温度疲劳应力系数 k_t，按式(B.3.4)计算：

$$k_t = \frac{f_r}{\sigma_{t,\max}}\left[a_t\left(\frac{\sigma_{t,\max}}{f_r}\right)^{b_t} - c_t\right] = \frac{5.0}{1.27}\left[0.828 \times \left(\frac{1.27}{5.0}\right)^{1.323} - 0.041\right] = 0.370$$

再由式(B.3.1)计算温度疲劳应力：

$$\sigma_{tr} = k_t\sigma_{t,\max} = 0.370 \times 1.27 = 0.47\,\text{MPa}$$

（6）结构极限状态校核

参照条文说明表3-1，一级公路、中变异水平下的可靠度系数 $\gamma_r = 1.20$。按式(3.0.4-1)和式(3.0.4-2)校核路面结构极限状态是否满足要求：

$$\gamma_r(\sigma_{pr} + \sigma_{tr}) = 1.20 \times (3.63 + 0.47) = 4.92 \leq f_r = 5.0\,\text{MPa}$$

$$\gamma_r(\sigma_{p,\max} + \sigma_{t,\max}) = 1.20 \times (2.65 + 1.27) = 4.70 \leq f_r = 5.0\,\text{MPa}$$

拟定的由计算厚度0.08m的橡胶水泥混凝土与0.17m的普通混凝土复合而成的面层满足要求，可以承受设计基准期内荷载应力和温度应力的综合疲劳作用，以及最重轴载在最大温度梯度时的一次作用。

附录 C 有沥青上面层的混凝土板应力分析

对于沥青上面层与混凝土下面层的复合式面层，沥青上面层的作用主要是提供路面的表面使用功能，并有一定承载作用，通过分析增加 40mm 沥青上面层方可减小 10mm 混凝土下面层厚度。混凝土板是主要承载层，其作用类似于普通混凝土面层，这是计算分析及设计的主要着眼点。通过对有沥青上面层的混凝土板的三维有限元法分析，得出了荷载应力与温度应力的修正公式及有关计算系数，并绘制出计算诺模图。计算时，应先求无沥青上面层时混凝土板的应力，之后再考虑沥青上面层的影响，从而得到有沥青上面层的混凝土板的荷载应力和温度应力。

示例：旧混凝土路面上加铺沥青混凝土层设计

公路自然区划Ⅳ的一条已建一级公路，原混凝土面层厚 0.26m，板长 5m，纵缝为设拉杆平缝，横缝为设传力杆假缝，基层为厚 0.20m 的水泥稳定砂砾。经交通调查分析得知，设计轴载 P_s=100kN，最重轴载 P_m=200kN，设计车道目前设计轴载日作用次数为 7 000，已建成通车 10 年。经调查评定，路面损坏状况和接缝传荷能力的分级标准为优良，无板底脱空。旧混凝土路面结构参数调查结果：弯拉强度实测标准值为 4.5MPa，弯拉弹性模量标准值为 29GPa，基层顶面回弹模量标准值为 100MPa。拟加铺沥青混凝土面层，以改善路面使用性能。试确定沥青混凝土加铺层厚度。

(1) 交通分析

由表 3.0.1，一级公路的设计基准期为 30 年，本路已建成通车 10 年，结构设计基准期取为 20 年。由表 A.2.4，临界荷位处的车辆轮迹横向分布系数取 0.22。取交通量年平均增长率为 5%。按式（A.2.4）计算，剩余设计基准期内设计车道设计荷载累计作用次数为：

$$N_e = \frac{N_s[(1+g_r)^t - 1] \times 365}{g_r}\eta = \frac{7\,000 \times [(1+0.05)^{20}-1] \times 365}{0.05} \times 0.22 = 1\,859 \times 10^4 \text{ 次}$$

由表 3.0.7 可知，属重交通等级。

(2) 初拟路面结构

根据规范 8.6.4 条的规定，初拟沥青混凝土面加铺层厚度为 0.1m，由 40mm 细粒式沥青混凝土和 60mm 粗粒式沥青混凝土两层组成。

按弹性地基单层板进行路面结构的应力分析。

(3) 旧混凝土路面刚度半径

混凝土面层的弯拉强度标准值为 4.5MPa，相应弯拉弹性模量为 29GPa，泊松比为

0.15。粗集料为砾石的混凝土热膨胀系数 $\alpha_c = 10 \times 10^{-6}/℃$。基层顶面当量回弹模量 E_t 取 100MPa。

按式(B.2.2-3)计算混凝土面层板的弯曲刚度 D_c：

$$D_c = \frac{E_c h_c^3}{12(1-\nu_c^2)} = \frac{29\,000 \times 0.26^3}{12 \times (1-0.15^2)} = 43.45 \text{MN} \cdot \text{m}$$

按式(B.2.2-2)计算路面结构总相对刚度半径 r：

$$r = 1.21 \left(\frac{D_c}{E_t}\right)^{1/3} = 1.21 \times \left(\frac{43.45}{100}\right)^{1/3} = 0.916\text{m}$$

(4) 荷载疲劳应力

按式(B.2.2-1)，设计轴载和极限荷载在临界荷位处产生的荷载应力计算：

$$\sigma_{ps} = 1.47 \times 10^{-3} r^{0.70} h_c^{-2} P_s^{0.94}$$
$$= 1.47 \times 10^{-3} \times 0.916^{0.70} \times 0.26^{-2} \times 100^{0.94} = 1.551\text{MPa}$$

$$\sigma_{pm} = 1.47 \times 10^{-3} r^{0.70} h_c^{-2} P_m^{0.94}$$
$$= 1.47 \times 10^{-3} \times 0.916^{0.70} \times 0.26^{-2} \times 200^{0.94} = 2.976\text{MPa}$$

由 $h_c = 0.26\text{m}$，$E_c/E_t = 29\,000/100 = 290$，查图 C.1.2，得 $\zeta_a = 1.53$。

按式(C.1.2-1)、式(C.1.2-2)计算有沥青混凝土上面层的旧混凝土板在设计轴载和极限荷载作用下临界荷位处产生的荷载应力为：

$$\sigma_{psa} = (1-\zeta_a h_a)\sigma_{ps} = (1-1.53 \times 0.1) \times 1.551 = 1.314\text{MPa}$$

$$\sigma_{pma} = (1-\zeta_a h_a)\sigma_{pm} = (1-1.53 \times 0.1) \times 2.976 = 2.521\text{MPa}$$

按式(B.2.3-1)计算疲劳应力系数：

$$k_f = N_e^\lambda = (1\,859 \times 10^4)^{0.057} = 2.596$$

根据 B.2.1 条，取应力折减系数 $k_r = 0.87$，综合系数 $k_c = 1.10$。

按式(B.2.1)计算混凝土面层的荷载疲劳应力，按式(B.2.6)计算最大荷载应力：

$$\sigma_{pr} = k_r k_f k_c \sigma_{psa} = 0.87 \times 2.596 \times 1.10 \times 1.314 = 3.264\text{MPa}$$

$$\sigma_{p,\max} = k_r k_c \sigma_{pma} = 0.87 \times 1.10 \times 2.521 = 2.413\text{MPa}$$

(5) 温度疲劳应力

根据表3.0.10，Ⅳ区，无沥青上面层时温度梯度为89℃/m。$h_a = 0.1\text{m}$ 时，查表C.2.1 得温度梯度修正系数 $\xi_t = 0.59$，则温度梯度 $T_g = 89 \times 0.59 = 53℃/\text{m}$。按式(B.3.3-1)、式(B.3.3-3)计算综合温度翘曲应力和内应力的温度应力系数 B_L：

$$t = \frac{L}{3r} = \frac{5}{3 \times 0.916} = 1.819$$

$$C_L = 1 - \frac{\sinh(1.819)\cos(1.819) + \cosh(1.819)\sin(1.819)}{\cos(1.819)\sin(1.819) + \sinh(1.819)\cosh(1.819)} = 0.748$$

$$B_L = 1.77 \times e^{-4.48 \times 0.26} \times 0.748 - 0.131 \times (1-0.748) = 0.380$$

按式(B.3.2)计算最大温度梯度时混凝土面层板最大温度应力：

$$\sigma_{t,\max} = \frac{\alpha_c E_c h_c T_g}{2} B_L = \frac{10 \times 10^{-6} \times 29\,000 \times 0.26 \times 53}{2} \times 0.380 = 0.759\text{MPa}$$

查表 B.3.4，Ⅳ区，$a_t = 0.841$，$b_t = 1.323$，$c_t = 0.058$。温度疲劳应力系数 k_t，按式（B.3.4）计算：

$$k_t = \frac{f_r}{\sigma_{t,\max}}\left[a_t\left(\frac{\sigma_{t,\max}}{f_r}\right)^{b_t} - c_t\right] = \frac{4.5}{0.759}\left[0.841 \times \left(\frac{0.759}{4.5}\right)^{1.323} - 0.058\right] = 0.129$$

按式（B.3.1）计算面层板温度疲劳应力：

$$\sigma_{tr} = k_t \sigma_{t,\max} = 0.129 \times 0.759 = 0.097\ 9\text{MPa}$$

由 $h_c = 0.26\text{m}$ 和 $E_c = 29\ 000\text{MPa}$，查图 C.2.1，得 $\zeta'_a = 0.675$。

按式（C.2.1-1）、式（C.2.1-2）计算有沥青混凝土上面层的混凝土面层板温度疲劳应力和最大温度应力：

$$\sigma_{tra} = (1 + \zeta'_a h_a)\sigma_{tr} = (1 + 0.675 \times 0.10) \times 0.097\ 9 = 0.105\text{MPa}$$

$$\sigma_{tma} = (1 + \zeta'_a h_a)\sigma_{t,\max} = (1 + 0.675 \times 0.10) \times 0.759 = 0.810\text{MPa}$$

(6) 结构极限状态校核

查表 3.0.1，一级公路的安全等级为一级，目标可靠度为 90%，变异水平等级为中级。参照条文说明表 3-1，确定可靠度系数 $\gamma_r = 1.20$。按式（3.0.4-1）和式（3.0.4-2）计算：

$$\gamma_r(\sigma_{pr} + \sigma_{tra}) = 1.20 \times (3.264 + 0.105) = 4.04 \leqslant f_r = 4.5\text{MPa}$$

$$\gamma_r(\sigma_{p,\max} + \sigma_{tma}) = 1.20 \times (2.413 + 0.810) = 3.868 \leqslant f_r = 4.5\text{MPa}$$

因而，所选沥青混凝土加铺层厚度（0.1m），使得旧混凝土面层不仅可以承受设计基准期内荷载应力和温度应力的综合疲劳作用，也可以承受最重轴载在最大温度梯度时的一次作用。

附录 D 连续配筋混凝土面层纵向配筋计算

连续配筋混凝土路面厚度设计方法和流程与普通混凝土路面相同，其面层纵向配筋率确定方法以横向裂缝平均间距、横向裂缝缝隙平均宽度以及钢筋屈服强度作为控制标准，是参考美国力学—经验法设计指南中引用的连续配筋混凝土路面纵向配筋率计算方法得出的。对原规范关于连续配筋混凝土路面纵向配筋率计算的相关内容做了较大修改。

面层纵向配筋计算时，钢筋埋置深度处混凝土温度与硬化时温度的最大温差 ΔT_ζ，可近似取为路面施工月份日最高气温的月平均值与一年中最冷月份日最低气温的月平均值之差，该值可查阅当地的气象资料确定。若进行路面设计时不能确定路面施工的月份，可近似取为一年中最热月份日最高气温的月平均值和最冷月份日最低气温的月平均值之差。该值也宜查阅当地的气象资料确定，若无气象资料，可根据当地所处的公路自然区划确定。对应于公路自然区划 Ⅱ、Ⅲ、Ⅳ、Ⅴ、Ⅵ、Ⅶ，最大温差 ΔT_ζ 变动范围为 30~50℃、35~40℃、15~30℃、20~35℃、40~60℃、25~40℃。当 ΔT_ζ 超过 35℃时，建议春秋季施工或夜间施工，以降低混凝土硬化时的温度，控制横向裂缝缝隙宽度。

示例：连续配筋混凝土面层纵向配筋计算

公路自然区划Ⅲ区新建一条一级公路，重交通荷载等级，选用连续配筋混凝土面层厚 0.26m。路基土为黏土，基层采用厚 0.18m 的水泥稳定碎石。

（1）计算参数

混凝土弯拉强度为 5.0MPa，查表 E.0.3-1，混凝土抗压强度 $f_c = 42$MPa，混凝土抗拉强度 $f_t = 3.22$MPa，混凝土弹性模量 $E_c = 31\,000$MPa。混凝土泊松比 $\nu_c = 0.15$，混凝土重度 $\gamma_c = 24$kN/m³，混凝土线膨胀系数 $\alpha_c = 1.1 \times 10^{-5}$/℃。查表 E.0.3-3，混凝土面层与基层间摩阻系数 $\mu = 7.5$。

由表 3.0.10，取公路自然区划Ⅲ区的最大正温度梯度为 92℃/m，最大负温度梯度按 1/3 正温度梯度取值，$T_g = 92/3 = 30.7$℃/m。公路自然区划Ⅲ区，$k_1 = 0.68$。年平均空气相对湿度 $\varphi_a = 40\%$，钢筋埋置处混凝土温度与硬化时温度的最大温差 $\Delta T_\zeta = 35$℃。

混凝土水灰比 $W/C = 0.4$，混凝土用水量 $w_0 = 1\,400$N/m³。采用盖麻布养生，$a_1 = 1.0$。

纵向钢筋选用 HRB335 钢筋，设配筋率 $\rho = 0.75\%$，钢筋的埋置深度 $\zeta = 0.10$m，钢筋直径 $d_s = 16$mm，钢筋的线膨胀系数 $\alpha_s = 9 \times 10^{-6}$/℃。按附录 E.0.4，取钢筋的弹性模量 $E_s = 200\,000$MPa，钢筋屈服强度 $f_{sy} = 335$MPa。

(2) 计算横向裂缝间距

$$\varepsilon_\infty = a_1 \times (1.51 \times 10^{-4} w_0^{2.1} f_c^{-0.28} + 270) \times 10^{-6}$$
$$= 1.0 \times (1.51 \times 10^{-4} \times 1\,400^{2.1} \times 42^{-0.28} + 270) \times 10^{-6} = 4.845 \times 10^{-4}$$

$$\varepsilon_{sh} = \varepsilon_\infty (1 - \varphi_a^3) = 4.845 \times 10^{-4} \times (1 - 0.4^3) = 4.535 \times 10^{-4}$$

$$\varepsilon_{t\zeta} = \alpha_c \Delta T_\zeta + \varepsilon_{sh} = 1.1 \times 10^{-5} \times 35 + 4.535 \times 10^{-4} = 8.385 \times 10^{-4}$$

$$\beta_h = 4.81 h_c^2 - 5.42 h_c + 1.96 = 4.81 \times 0.26^2 - 5.42 \times 0.26 + 1.96 = 0.876$$

$$\varepsilon_{td} = \alpha_c h_c \beta_h T_g + \varepsilon_\infty (0.245 e^{-5.3 k_1 h_c})$$
$$= 1.1 \times 10^{-5} \times 0.26 \times 0.876 \times 30.7 + 4.845 \times 10^{-4} (0.245 e^{-5.3 \times 0.68 \times 0.26})$$
$$= 7.69 \times 10^{-5} + 4.845 \times 10^{-4} \times 0.096$$
$$= 1.234 \times 10^{-4}$$

$$\sigma_0 = \frac{E_c \varepsilon_{td}}{2(1 - \nu_c)} = \frac{31\,000 \times 1.234 \times 10^{-4}}{2 \times (1 - 0.15)} = 2.250 \text{MPa}$$

混凝土板相对刚度半径 $r = 0.870$m，由式(B.3.3-2)计算得到翘曲应力系数 $C = 0.494$。

设平均裂缝间距初始值为 0.7m，经迭代计算得到 $c_1 = 1.148$，根据式(D.0.1-1)计算得到 $L_d = 0.722\text{m} \approx 0.72\text{m}$（小于裂缝平均间距 1.80m 的要求）。

(3) 计算横向裂缝平均缝隙宽度

$$a = 0.761 + 1\,770 \varepsilon_{t\zeta} - 2 \times 10^6 \varepsilon_{t\zeta}^2$$
$$= 0.761 + 1\,770 \times 8.385 \times 10^{-4} - 2 \times 10^6 \times (8.385 \times 10^{-4})^2$$
$$= 0.839$$

$$b = 9 \times 10^8 \varepsilon_{t\zeta} + 149\,000$$
$$= 9 \times 10^8 \times 8.385 \times 10^{-4} + 149\,000 = 903\,650$$

$$c = 3 \times 10^9 \varepsilon_{t\zeta}^2 - 5 \times 10^6 \varepsilon_{t\zeta} + 2\,020$$
$$= 3 \times 10^9 \times (8.385 \times 10^{-4})^2 - 5 \times 10^6 \times 8.385 \times 10^{-4} + 2\,020 = -63.253$$

$$c_2 = a + \frac{b}{17\,000 f_c} + 6.45 \times 10^{-4} \frac{c}{L_d^2}$$
$$= 0.839 + \frac{903\,650}{17\,000 \times 42} + 6.45 \times 10^{-4} \times \frac{-63.253}{0.722^2} = 2.026$$

$$b_j = 1\,000 L_d \left(\varepsilon_{sh} + \alpha_c \Delta T_\zeta - \frac{c_2 f_t}{E_c} \right)$$
$$= 1\,000 \times 0.722 \times \left(4.535 \times 10^{-4} + 1.1 \times 10^{-5} \times 35 - \frac{2.026 \times 3.22}{31\,000} \right)$$
$$= 0.453 \text{mm} \approx 0.45 \text{mm}（小于缝隙平均宽度 0.50mm 的要求）$$

(4) 计算裂缝处纵向钢筋应力

$$\sigma_s = 2 f_t \frac{E_s}{E_c} - E_s [\Delta T_\zeta (\alpha_c - \alpha_s) + \varepsilon_{sh}] + \frac{0.234 f_c L_d}{d_s c_1}$$

$$\sigma_s = 2 \times 3.22 \times \frac{200\,000}{31\,000} - 200\,000 [35 \times (1.1 \times 10^{-5} - 9 \times 10^{-6}) + 4.535 \times 10^{-4}] +$$

$$\frac{0.234 \times 42 \times 0.722}{0.016 \times 1.148}$$

$= 323.162\text{MPa}$（小于钢筋屈服强度 335MPa）

计算结果满足裂缝宽度、裂缝间距和裂缝处钢筋的应力三方面的要求，因此初拟的纵向钢筋配筋率是合适的。

（5）钢筋间距或根数计算

钢筋间距为：

$$\frac{\pi d_s^2}{4\rho h_c} = \frac{\pi \times 0.016^2}{4 \times 0.0075 \times 0.26} = 0.103\text{m}$$

或每延米纵向钢筋根数为：

$$1/0.103 = 9.7 \approx 10 \text{ 根}$$

附录 E 材料设计参数经验参考值

E.0.1 路基回弹模量及湿度调整系数经验参考值

表 E.0.1-1 中所列各土组的回弹模量参考值范围，系依据部分室内试验结果，并参照美国力学经验法中所推荐的经验数值后制定。各个土组的物理性质指标变化范围列于表 E-1。估计回弹模量经验值时，可按照土的物理性质指标在各相关土组的模量变化范围内选定相应的数值。

表 E-1　各土组物理性质指标的数值变动范围

土　组	D_{60}(mm)	$P_{0.075} \times PI$	G_s	w_{opt}(%)	$\gamma_{d,max}$	S_{opt}(%)
级配良好砾(GW)	8.3~18.6	—	2.65	6.94~6.38	2.14~2.18	78
级配不良砾(GP)	1.8~8.3	—	2.65	8.11~6.94	2.08~2.14	78
含细粒土砾(GF)	—	3.8~0.3	2.71~2.68	14.43~11.59	1.86~1.95	86.2~83.8
粉土质砾(GM)	—	2.1~0.1	2.70~2.67	13.20~11.24	1.91~1.96	85.5~82.8
黏土质砾(GC)	—	5.5~1.2	2.71~2.69	15.51~12.49	1.83~1.93	86.7~84.9
级配良好砂(SW)	0.4~2.7	—	2.65	9.54~7.80	2.00~2.09	78
级配不良砂(SP)	0.2~0.7	—	2.65	10.37~8.48	1.96~2.03	78
含细粒土砂(SF)	—	8.9~2.1	2.73~2.70	17.43~13.20	1.77~1.91	87.3~85.5
粉土质砂(SM)	—	3.8~1.2	2.71~2.69	14.43~12.49	1.86~1.93	86.2~84.9
黏土质砂(SC)	—	8.9~3.8	2.73~2.71	17.43~14.43	1.77~1.86	87.3~86.2
低液限粉土(ML)	—	11.5~5.1	2.73~2.72	18.73~15.25	1.72~1.84	87.7~86.6
低液限黏土(CL)	—	19.2~5.5	2.75~2.72	22.25~15.51	1.62~1.83	88.4~86.7
高液限粉土(MH)	—	20.4~11.5	2.75~2.73	24.38~18.73	1.57~1.72	88.8~87.7
高液限黏土(CH)	—	33.0~19.2	2.76~2.75	27.68~22.25	1.49~1.62	89.3~88.4

注：1. D_{60} 为通过率 60% 时的颗粒含量(mm)；$P_{0.075}$ 为通过 0.075mm 筛孔的颗粒含量(小数)；PI 为塑性指数(%)；w_{opt} 为最佳含水率(%)；$\gamma_{d,max}$ 为最大压实干重度(g/cm³)；S_{opt} 为最佳含水率和最大干重度时的饱和度(%)。

2. 对于砾和砂，D_{60} 大时，模量取高值；D_{60} 小时，模量取低值。

3. 对于其他含细粒的土组，通过 0.075mm 筛的颗粒含量大和塑性指数高时，模量取低值；反之，模量取高值。

湿度(含水率)是影响路基回弹模量值的重要因素。路基土的湿度主要取决于土本身吸持水分的能力和水的来源(供应)。土对水的吸持能力可归之于土颗粒的分子引力作用和土孔隙的毛细管引力作用，这种吸持能力称作基质吸力，它与土的颗粒组成和性质有关。通过试验研究，在各种土的基质吸力和土的含水率之间可以建立经验关系模型(称作土—水特性曲线)。在路基湿度的供应源为地下水时，土的基质吸力与所考虑点距地下水位的距离成正比,即基质吸力随距地下水位的距离增大。利用这两方面规律,可依据各个土组的物理性质指标为距地下水位不同距离处的土计算相应的基质吸力和平衡湿度。再依据模量随含水率增加而减小的规律,并以表 E.0.1-1 中各土组的回弹模量参考值为基准,计算确定表 E.0.1-2 中路床顶距地下水位不同距离处各土组的回弹模量湿度调整系数。当路床顶距地下水位距离较大,路基土粗颗粒含量大或塑性指数低时,回弹模量湿度调整系数有大于 1.00 的情况。但路基湿度不仅受地下水影响,当地下水位较深,路基工作区高出地下水毛细润湿区范围时,路基土湿度主要受气候因素影响,此时回弹模量湿度调整系数可能小于 1.00。本次规范修订暂不考虑气候因素影响,因此当受地下水控制的回弹模量湿度调整系数大于 1.00 时,表 E.0.1-2 中数据调整为 1.00,其对于路面结构计算是相对偏保守的。

E.0.2 基层和底基层材料弹性(回弹)模量经验参考值

粒料也是非线性弹塑性体,其回弹模量值是组成、物理状况(含水率和干密度)和应力状况的函数。按照与路基回弹模量值相同的方法,通过试验测定和路面结构应力分析,制定了表 E.0.2-1 所列的粒料类基层和底基层材料回弹模量经验参考值。

无机结合料类基层和底基层材料在开放交通使用前或使用初期,会由于湿度收缩和温度收缩作用而产生微裂隙,使其弹性模量值远低于由室内完整试件测定得到的模量值。在使用过程中,随着微裂隙的扩展和荷载裂缝的产生,弹性模量不断下降,直到结构层碎裂成颗粒状,其模量值接近于粒料的数值。按照无机结合料类材料的性状在使用期间的演变过程,将其弹性模量值分为试件模量、收缩开裂后模量和疲劳破坏后模量 3 种情况,并参照国内外的试验数据制定了表 E.0.2-2 所列的无机结合料类基层和底基层材料弹性模量参考值。无机结合料基层或底基层在铺筑面层开放交通时,由于温度和湿度变化的影响,往往已产生收缩裂缝或裂纹,使其模量值低于室内无裂隙试件得到的试验结果。因而,建议设计时采用考虑收缩开裂后的模量值。

热拌沥青混合料动态模量选用周期加载单轴压缩试验进行测定。表 E.0.2-3 所列的动态模量经验参考值,系利用动态模量预估模型按照基层材料的组成情况确定的。动态模量预估模型依据试验结果(共 164 个有效样本数)建立,试验变量采用 3 种沥青(A-70、A-90 和 A-110)、3 种常用沥青混合料(AC、AK、SMA)、3 种沥青含量(4%、5%、6%)、3 种集料公称最大粒径(26.5mm、16mm 和 9.5mm)、3 种空隙率(5%~8%、3%~5% 和 <3%)、3 种温度(-10℃、15℃ 和 40℃)、3 种加载频率(1、5、10Hz)和 3 种应变水平(50~70、90~110 和 130~150$\mu\varepsilon$)。

E.0.3 水泥混凝土设计参数经验参考值

水泥混凝土材料(包括普通混凝土、钢筋混凝土、连续配筋混凝土、碾压混凝土和贫混凝土等)的弯拉强度、抗压强度、抗拉(劈裂)强度和弹性模量,随混合料组成材料、养生条件和试验方法的不同而变化。这些因素对各项强度和弹性模量指标有不同程度的影响,难以在各项指标之间建立理论转换关系式。一些研究者通过大量试验在各项指标间建立了许多经验关系式。

20 世纪 90 年代初,交通部公路科学研究所等单位对碎石混凝土和卵石混凝土进行了弯拉强度和立方体抗压强度试验,依据测定结果整理出下述回归关系式:

$$f_r = 0.443 f_c^{0.71} \quad (n=306, R=0.86) \tag{E-1}$$

利用这个关系式,由抗压强度预估弯拉强度时,会得到偏高的弯拉强度值,而由弯拉强度预估抗压强度时,则会得到偏低的抗压强度值。

比较其他研究者的一些试验结果,选用处于中间值的经验关系式:

$$f_r = 0.438 f_c'^{2/3} \tag{E-2}$$

式中的抗压强度为圆柱体试件的试验结果。立方体试件的强度一般比圆柱体试件大 10% ~ 15%。依据式(E-2)并考虑到立方体试件的强度增大后,计算列出了表 E.0.3-1 中的弯拉强度与抗压强度值的对应关系。

20 世纪 80 年代初,由江苏省交通厅和中国民用航空机场设计研究院等对石灰岩和花岗岩碎石混凝土进行弯拉强度和钻孔取样劈裂强度试验后,回归分析后整理得到下述经验关系式:

$$f_r = 1.87 f_{sp}^{0.87} \quad (n=204, R=0.82) \tag{E-3}$$

美国力学经验法设计指南中提出,水泥混凝土的劈裂强度一般变动于 0.6 ~ 0.7 倍弯拉强度的范围内,并建议劈裂强度采用 0.67 倍弯拉强度。式(E-3)反映的关系,劈裂强度变动于弯拉强度的 0.52 ~ 0.63 倍范围内,略低于美国力学经验法的建议值。综合这两方面的数据,列出了表 E.0.3-1 中的弯拉强度与抗拉(劈裂)强度值的对应关系。

20 世纪 80 年代中期,江苏省公路管理局等单位对花岗岩碎石混凝土、石灰岩碎石混凝土和砾石混凝土进行了弯拉强度和弯拉弹性模量(挠度法)试验,由测定结果回归分析得到下述经验关系式:

$$E_r = 1.44 f_r^{0.46} \tag{E-4}$$

依据式(E-4),列出了表 E.0.3-1 中的弯拉强度与弯拉弹性模量值的对应关系。

表 E.0.3-2 中的混凝土线膨胀系数,主要参照国外的试验数据。国外在混凝土中通常掺加粉煤灰。若混凝土中不掺加粉煤灰,表 E.0.3-2 中混凝土线膨胀系数可相应增加 $2 \times 10^{-6} \sim 3 \times 10^{-6}/℃$。

表 E.0.3-3 中的混凝土面层与基层间摩阻系数经验参考值,依据美国力学经验法设计指南列出。

E.0.4 钢筋强度和弹性模量经验参考值

表 E.0.4 系根据《钢筋混凝土用钢》(GB 1499)列出,其中,HPB235 和 HPB300 取自第 1 部分——热轧光圆钢筋,HRB335、HRB400、HRB500 取自第 2 部分——热轧带肋钢筋。

公路工程现行标准、规范、规程、指南一览表

(2015年10月版)

序号	类别	编号	书名(书号)	定价(元)
1	基础	JTG A02—2013	公路工程行业标准制修订管理导则(10544)	15.00
2		JTG A04—2013	公路工程标准编写导则(10538)	20.00
3		JTJ 002—87	公路工程名词术语(0346)	22.00
4		JTJ 003—86	公路自然区划标准(0348)	16.00
5		JTG B01—2014	公路工程技术标准(活页夹版,11814)	98.00
6		JTG B01—2014	公路工程技术标准(平装版,11829)	68.00
7		JTG B02—2013	公路工程抗震规范(11120)	45.00
8		JTG/T B02-01—2008	公路桥梁抗震设计细则(1228)	35.00
9		JTG B03—2006	公路建设项目环境影响评价规范(0927)	26.00
10		JTG B04—2010	公路环境保护设计规范(08473)	28.00
11		JTG/T B05—2004	公路项目安全性评价指南(0784)	18.00
12		JTG B05-01—2013	公路护栏安全性能评价标准(10992)	30.00
13		JTG B06—2007	公路工程基本建设项目概算预算编制办法(06903)	26.00
14		JTG/T B06-01—2007	★公路工程概算定额(06901)	110.00
15		JTG/T B06-02—2007	★公路工程预算定额(06902)	138.00
16		JTG/T B06-03—2007	★公路工程机械台班费用定额(06900)	24.00
17		交通部定额站2009版	公路工程施工定额(07864)	78.00
18		JTG/T B07-01—2006	公路工程混凝土结构防腐蚀技术规范(0973)	16.00
19		交通部2007年第30号	国家高速公路网相关标志更换工作实施技术指南(1124)	58.00
20		交通部2007年第35号	收费公路联网收费技术要求(1126)	62.00
21		交通运输部2015年第40号	收费公路联网收费多义性路径识别技术要求(12484)	40.00
22		JTG B10-01—2014	公路电子不停车收费联网运营和服务规范(11566)	30.00
23		交通运输部2011年	公路工程项目建设用地指标(09402)	36.00
24	勘测	JTG C10—2007	★公路勘测规范(06570)	28.00
25		JTG/T C10—2007	★公路勘测细则(06572)	42.00
26		JTG C20—2011	公路工程地质勘察规范(09507)	65.00
27		JTG/T C21-01—2005	公路工程地质遥感勘察规范(0839)	17.00
28		JTG/T C21-02—2014	公路工程卫星图像测绘技术规程(11540)	25.00
29		JTG/T C22—2009	公路工程物探规程(1311)	28.00
30		JTG C30—2015	公路工程水文勘测设计规范(12063)	70.00
31	设计 公路	JTG D20—2006	★公路路线设计规范(0996)	38.00
32		JTG/T D21—2014	公路立体交叉设计细则(11761)	60.00
33		JTG D30—2015	公路路基设计规范(12147)	98.00
34		JTG/T D31—2008	沙漠地区公路设计与施工指南(1206)	32.00
35		JTG/T D31-02—2013	公路软土地基路堤设计与施工技术细则(10449)	40.00
36		JTG/T D31-03—2011	★采空区公路设计与施工技术细则(09181)	40.00
37		JTG/T D31-04—2012	多年冻土地区公路设计与施工技术细则(10260)	40.00
38		JTG/T D32—2012	公路土工合成材料应用技术规范(09908)	42.00
39		JTG D40—2011	★公路水泥混凝土路面设计规范(09463)	40.00
40		JTG D50—2006	★公路沥青路面设计规范(06248)	36.00
41		JTG/T D33—2012	公路排水设计规范(10337)	40.00
42	设计 桥隧	JTG D60—2015	公路桥涵设计通用规范(12506)	40.00
43		JTG/T D60-01—2004	公路桥梁抗风设计规范(0814)	28.00
44		JTG D61—2005	公路圬工桥涵设计规范(0887)	19.00
45		JTG D62—2004	公路钢筋混凝土及预应力混凝土桥涵设计规范(05052)	48.00
46		JTG D63—2007	公路桥涵地基与基础设计规范(06892)	48.00
47		JTG D64—2015	公路钢结构桥梁设计规范(12507)	80.00
48		JTG/T D65-01—2007	公路斜拉桥设计细则(1125)	28.00
49		JTG/T D65-04—2007	公路涵洞设计细则(06628)	26.00
50		JTG/T D65-06—2015	公路钢管混凝土拱桥设计规范(12514)	40.00
51		JTG D70—2004	公路隧道设计规范(05180)	50.00
52		JTG/T D70—2010	★公路隧道设计细则(08478)	66.00
53		JTG D70/2—2014	公路隧道设计规范 第二册 交通工程与附属设施(11543)	50.00
54		JTG/T D70/2-01—2014	公路隧道照明设计细则(11541)	35.00
55		JTG/T D70/2-02—2014	公路隧道通风设计细则(11546)	70.00
56	交通工程	JTG D80—2006	高速公路交通工程及沿线设施设计通用规范(0998)	25.00
57		JTG D81—2006	★公路交通安全设施设计规范(0977)	25.00
58		JTG/T D81—2006	★公路交通安全设施设计细则(0997)	35.00
59		JTG D82—2009	公路交通标志和标线设置规范(07947)	116.00

续上表

序号	类别		编号	书名(书号)	定价(元)
60	设计	综合	交公路发〔2007〕358号	公路工程基本建设项目设计文件编制办法(06746)	26.00
61			交公路发〔2007〕358号	公路工程基本建设项目设计文件图表示例(06770)	600.00
62			交公路发〔2015〕69号	公路工程特殊结构桥梁项目设计文件编制办法(12455)	30.00
63	检测		JTG E20—2011	公路工程沥青及沥青混合料试验规程(09468)	106.00
64			JTG E30—2005	公路工程水泥及水泥混凝土试验规程(0830)	32.00
65			JTG E40—2007	★公路土工试验规程(06794)	79.00
66			JTG E41—2005	公路工程岩石试验规程(0828)	18.00
67			JTG E42—2005	公路工程集料试验规程(0829)	30.00
68			JTG E50—2006	★公路工程土工合成材料试验规程(0982)	28.00
69			JTG E51—2009	公路工程无机结合料稳定材料试验规程(08046)	48.00
70			JTG E60—2008	公路路基路面现场测试规程(07296)	38.00
71			JTG/T E61—2014	公路路面技术状况自动化检测规程(11830)	25.00
72	施工	公路	JTG F10—2006	公路路基施工技术规范(06221)	40.00
73			JTG/T F20—2015	公路路面基层施工技术细则(12367)	45.00
74			JTG/T F30—2014	公路水泥混凝土路面施工技术细则(11244)	60.00
75			JTG/T F31—2014	公路水泥混凝土路面再生利用技术细则(11360)	30.00
76			JTG F40—2004	公路沥青路面施工技术规范(05328)	38.00
77			JTG F41—2008	公路沥青路面再生技术规范(07105)	25.00
78		桥隧	JTG/T F50—2011	★公路桥涵施工技术规范(09224)	110.00
79			JTG/T F81-01—2004	公路工程基桩动测技术规程(0783)	20.00
80			JTG F60—2009	公路隧道施工技术规范(07992)	42.00
81			JTG/T F60—2009	公路隧道施工技术细则(07991)	58.00
82		交通	JTG F71—2006	★公路交通安全设施施工技术规范(0976)	20.00
83			JTG/T F72—2011	公路隧道交通工程与附属设施施工技术规范(09509)	35.00
84	质检安全		JTG F80/1—2004	公路工程质量检验评定标准 第一册 土建工程(05327)	46.00
85			JTG F80/2—2004	公路工程质量检验评定标准 第二册 机电工程(05325)	26.00
86			JTG G10—2006	公路工程施工监理规范(06267)	20.00
87			JTG F90—2015	公路工程施工安全技术规范(12138)	68.00
88	养护管理		JTG H10—2009	公路养护技术规范(08071)	49.00
89			JTJ 073.1—2001	公路水泥混凝土路面养护技术规范(0520)	12.00
90			JTJ 073.2—2001	公路沥青路面养护技术规范(0551)	13.00
91			JTG H11—2004	公路桥涵养护规范(05025)	30.00
92			JTG H12—2015	公路隧道养护技术规范(12062)	60.00
93			JTG H20—2007	公路技术状况评定标准(1140)	15.00
94			JTG/T H21—2011	★公路桥梁技术状况评定标准(09324)	46.00
95			JTG H30—2015	公路养护安全作业规程(12234)	90.00
96			JTG H40—2002	公路养护工程预算编制导则(0641)	9.00
97	加固设计与施工		JTG/T J21—2011	公路桥梁承载能力检测评定规程(09480)	20.00
98			JTG/T J22—2008	公路桥梁加固设计规范(07380)	52.00
99			JTG/T J23—2008	公路桥梁加固施工技术规范(07378)	30.00
100	改扩建		JTG/T L11—2014	高速公路改扩建设计细则(11998)	45.00
101			JTG/T L80—2014	高速公路改扩建交通工程及沿线设施设计细则(11999)	30.00
102	造价		JTG M20—2011	公路工程基本建设项目投资估算编制办法(09557)	30.00
103			JTG/T M21—2011	公路工程估算指标(09531)	110.00
1	技术指南		交公便字〔2006〕02号	公路工程水泥混凝土外加剂与掺合料应用技术指南(0925)	50.00
2			交公便字〔2006〕02号	公路工程抗冻设计与施工技术指南(0926)	26.00
3			厅公路字〔2006〕418号	公路安全保障工程实施技术指南(1034)	40.00
4			交公便字〔2009〕145号	公路交通标志和标线设置手册(07990)	165.00

注：JTG——公路工程行业标准体系；JTG/T——公路工程行业推荐性标准体系；JTJ——仍在执行的公路工程原行业标准体系。
批发业务电话：010-59757973；零售业务电话：010-85285659（北京）；网上书店电话：010-59757908；业务咨询电话：010-85285922。带"★"的表示有勘误，详见中国交通运输标准服务平台 www.yuetong.cn/bzfw。